© 2009 Ledizioni LediPublishing
Via Alamanni 11 – 20141 Milano – Italy
http://www.ledizioni.it
info@ ledizioni.it

La sociologia e l'educazione di Emile Durkheim

Prima edizione Ledizioni: Settembre 2009

ISBN 978-88-95994-06-2

1. L'EDUCAZIONE, LA SUA NATURA, LA SUA FUNZIONE

1. Le definizioni dell'educazione. Esame critico.

La parola *educazione* è stata talvolta impiegata in senso molto lato per designare l'insieme delle influenze che la natura o gli altri uomini possono esercitare sia sulla nostra intelligenza, sia sulla nostra volontà. Essa comprende — dice Stuart Mill — « tutto quello che noi facciamo per conto nostro e tutto quello che gli altri fanno per noi, allo scopo di avvicinarci alla perfezione della nostra natura. Nella più ampia estensione del termine, essa comprende finanche gli effetti indiretti prodotti sul carattere e sulle facoltà umane da cose che hanno uno scopo totalmente diverso: le leggi, le forme di governo, le arti industriali e persino ancora i fatti fisici, indipendenti dalla volontà dell'uomo, come il clima, il suolo e la posizione geografica ».

Però questa definizione comprende dei fatti totalmente disparati e che non possono esser riuniti sotto uno stesso vocabolo, senza correre il rischio di commettere delle confusioni. L'azione delle cose sugli uomini è diversissima, come modo di agire e come risultati, da quella esercitata dagli uomini stessi. E l'azione dei coetanei sui coetanei differisce da quella che gli adulti esercitano sui più giovani. È quest'ultima sola che qui ci interessa, e pertanto è ad essa che è conveniente riservare il termine di « educazione ».

In che cosa consiste tale azione *sui generis?* A questa domanda sono state date risposte differentissime, che possono esser riunite in due gruppi principali.

Secondo Kant « lo scopo dell'educazione è di sviluppare in ogni individuo tutta la perfezione che è nelle sue possibilità ». Che cosa si deve allora intendere per « perfezione »? È — ci è stato detto sovente — lo sviluppo armonico di tutte le facoltà umane. Portare al più alto livello che possa esser raggiunto la somma delle possibilità che sono in noi, realizzarle nella completezza che è nei nostri mezzi, senza che nòcciano le une alle altre, non è forse un ideale al di sopra del quale non se ne saprebbe collocare uno più grande?

Ma, se in una certa misura questo sviluppo armonico è, effettivamente, necessario e desiderabile, non si può d'altra parte realizzarlo interamente, perché si trova in contraddizione con un'altra regola della condotta umana, che non è meno imperiosa: quella che ci ordina di consacrarci ad un compito particolare e limitato. Noi non possiamo e non dobbiamo votarci tutti allo stesso genere di vita; ma dobbiamo, secondo le nostre attitudini, svolgere delle funzioni differenti, ed è indispensabile che ciascuno di noi si metta in armonia con quella che gli incombe.

Non siamo stati fatti tutti per riflettere; occorrono anche uomini d'intuito e d'azione. Al contrario, ocrono uomini che abbiano il compito di pensare. Ora, il pensiero non può svilupparsi che distaccandosi dal movimento, che ripiegandosi su se stesso, che sottraendo all'azione esteriore colui che vi si dona per intero.

Di qui una prima differenziazione che non si crea senza una rottura d'equilibrio. E l'azione, per parte sua, come il pensiero, è suscettibile di assumere una moltitudine di forme differenti e particolari. Senza dubbio, tale specializzazione non esclude un certo fondo comune e, di conseguenza, un certo equilibrio delle funzioni tanto organiche che psichiche, senza il quale la salute dell'individuo resterebbe compromessa, nello stesso tempo che la coesione sociale. Rimane ad ogni modo stabilito che un'armonia perfetta non può esser presentata come lo scopo supremo della condotta e dell'educazione.

È ancor meno soddisfacente la definizione utilitaristica secondo cui l'educazione avrebbe per oggetto il « fare dell'individuo uno strumento di felicità per se stesso e per i suoi simili » (*James Mill*); perché la felicità è una cosa essenzialmente soggettiva, che ognuno apprezza alla sua maniera. Una formula del genere lascia dunque indeterminato lo scopo dell'educazione e, di conseguenza, l'educazione stessa, poiché l'abbandona all'arbitrio individuale. È bensì vero che Spencer ha cercato di definire obbiettivamente la felicità. Per lui, le condizioni della felicità sono quelle della vita. La felicità completa è la vita nella sua completezza. Ma che cosa dobbiamo noi intendere per « la vita »? Se si tratta unicamente della vita fisica, si può ben indicare quello che, mancando, la rende impossibile. Essa implica, infatti, un certo equilibrio fra l'organismo ed il suo ambiente e, poiché i due termini in rapporto sono dati definibili, sarà anche definibile questo loro rapporto.

Però non si possono esprimere in tal modo che le necessità vitali più immediate. Ora, per l'uomo e sopratutto per l'uomo d'oggi, una simile vita non è « la vita ». Noi le domandiamo altre cose, differenti dal funzionamento presso a poco normale dei nostri organi. Uno spirito colto preferisce non vivere che rinunciare alle gioie dell'intelligenza. Anche dal solo punto di vista materiale tutto quello che oltrepassa lo stretto necessario sfugge a qualsiasi determinazione. Lo *standard of life,* il campione tipo dell'esistenza, come dicono gli inglesi, il minimo al di sotto del quale ci sembra non sia accettabile scendere, varia infinitamente a seconda delle condizioni, degli ambienti e dei tempi. Quello che ci sembrava ieri sufficiente, ci sembra oggi al di sotto della dignità dell'individuo, quale noi la sentiamo attualmente, e tutto fa presumere che le nostre esigenze su questo punto andranno sempre aumentando.

Arriviamo qui alla critica generalizzata nella quale incorrono tutte queste definizioni. Partono da questo postulato, che vi è un'educazione ideale, perfetta, valida istintivamente per tutti gli uomini. Ed è questa educazione universale ed unica che il teorico si sforza di definire. Ma, innanzi tutto, se noi consideriamo la storia, non vi troviamo alcunché capace di confermare questa ipotesi. L'educazione ha variato infinitamente, secondo i tempi e secondo i paesi. Nelle città greche e latine, l'educazione addestrava l'individuo ad esser ciecamente subordinato alla collettività, a diventare la « cosa » della società. Oggi, essa si sforza a farne una personalità autonoma. Ad Atene si cercava di formare degli spiriti delicati, accorti, sottili, appassionati di misura e di armonia, capaci di gustare il bello e le gioie della speculazione pura; a Roma si voleva innanzi tutto che i ragazzi diventassero degli uomini d'azione, appassionati di gloria militare, indifferenti per quello che riguardava le lettere e le arti. Nel Medio Evo l'educazione era, innanzi tutto, cristiana; nel Rinascimento ha preso un carattere più laico e più letterario; oggi la scienza tende a prendere il posto che l'arte occupava in altri tempi.

Si dirà che il fatto non rappresenta l'ideale? Che, se l'educazione è cambiata, la cosa è avvenuta perché gli uomini hanno preso abbaglio su quello che essa doveva essere? Ma se l'educazione romana avesse ricevuto l'impronta d'un individualismo paragonabile al nostro, la « comunità » romana non avrebbe potuto conservarsi; la civiltà latina non avrebbe potuto sorgere né, successivamente, la nostra civiltà moderna che ne è, in parte, derivata.

Le società cristiane del Medio Evo non avrebbero potuto vivere, se avessero dato al libero esame l'importanza che noi gli accordiamo ai giorni nostri. Vi sono dunque delle necessità ineluttabili, dalle quali è impossibile fare astrazione. A che cosa può servire l'immaginare un'educazione che risulti mortale per la società che la mettesse in pratica?

Questo stesso postulato tanto contestabile contiene un errore più generale. Se si comincia così, col domandare a se stessi quale debba essere l'educazione ideale, fatta astrazione da qualsiasi condizione di tempo e di luogo, vuol dire che si ammette implicitamente che un sistema educativo nulla ha di reale in se stesso. Non vi si vede un insieme di pratiche e di istituzioni che si sono organizzate lentamente nel corso dei tempi, che sono solidali con tutte le altre istituzioni sociali e che le esprimono; che, di conseguenza, non si possono modificare a volontà più che non si possano modificare le strutture stesse della società. Ma invece sembra essere un semplice sistema di concetti realizzati; sotto questo punto di vista pare dipendere dalla sola logica. Si immagina che gli uomini d'ogni epoca l'organizzino volontariamente per realizzare un fine determinato; che, se quest'organizzazione non è ovunque la stessa, il

motivo è che ci si è sbagliati sia sulla natura, sia sullo
scopo che conviene perseguire, sia sui mezzi che permettono di raggiungerlo. Sotto questo punto di vista,
le forme educative del passato appaiono come altret-
tanti errori, totali o parziali. Non se ne deve dunque
tener conto. Non abbiamo da renderci solidali con gli
errori di osservazione o di logica che hanno potuto fare i nostri predecessori; ma possiamo e dobbiamo por-
ci il problema, senza occuparci delle soluzioni che gli sono state date, cioè lasciando da parte tutto quello che è
stato. Non abbiamo che da domandarci quello che deve
essere. Gli insegnamenti della storia possono, al massimo, risparmiarci dal ricadere negli errori che sono già
stati commessi.

In effetti ogni società, considerata ad un momento
determinato del suo sviluppo, ha un sistema d'educazione che si impone agli individui con una forza generalmente irresistibile. È vano credere che noi possiamo
allevare i nostri figli come vogliamo. Vi sono delle con-
suetudini alle quali dobbiamo conformarci; se noi vi
deroghiamo troppo gravemente, esse si vendicano poi
sui nostri giovani. Questi, una volta diventati adulti,
non si troveranno in condizioni di vivere fra i loro contemporanei, coi quali non si sentiranno in armonia.
Siano essi stati allevati in base ad idee o troppo arcaiche
o troppo avveniristiche, la cosa non ha importanza:
tanto in un caso quanto nell'altro non sono della loro
epoca e, di conseguenza, non si trovano in condizioni di
vita normale. Vi è dunque, in ogni periodo, un modello
normativo dell'educazione, dal quale non possiamo di-
scostarci senza scontrarci con vive resistenze che con-
tengono delle velleità di dissidenza.

Ora, i costumi e le idee che determinano questo
modello non siamo stati noi, individualmente, a crear-
li. Sono il prodotto della vita in comune e ne esprimo-

no le necessità. Sono finanche, nella maggior parte, opera delle generazioni anteriori. Tutto il passato dell'umanità ha contribuito a creare questo insieme di massime che inquadrano l'educazione di oggi; tutta la nostra storia vi ha lasciato delle tracce, compresa la storia dei popoli che ci hanno preceduti. Avviene come per gli organismi superiori, che portano in sé come l'eco di tutta l'evoluzione biologica della quale sono il risultato.

Quando si studia storicamente la maniera nella quale si sono formati e sviluppati i sistemi d'educazione, ci si accorge che essi dipendono dalla religione, dall'organizzazione politica, dal livello di sviluppo delle scienze, dalle condizioni dell'industria ecc. Se li si isola da tutte queste cause storiche, diventano incomprensibili. In che maniera, allora, può l'individuo pretendere di ricostruire, col solo sforzo della sua cogitazione personale, quello che non è un'opera del pensiero individuale? Egli non è di fronte ad una « tabula rasa », sulla quale può edificare quello che meglio crede, ma si trova in presenza di realtà esistenti che non può né creare né distruggere né trasformare a volontà. Non può agire su di loro che nei limiti entro i quali ha imparato a conoscerle, sapendo quale è la loro natura e quali sono le condizioni dalle quali dipendono; ed egli non può arrivare a saperlo che mettendosi alla loro scuola, che cominciando coll'osservarle, come il fisico osserva la materia bruta ed il biologo i corpi viventi.

In che maniera, d'altronde, procedere altrimenti? Quando si vuole determinare, mediante la sola dialettica, ciò che l'educazione deve essere, si deve incominciare con lo stabilire quali fini deve avere. Ma cosa ci permette di dire che l'educazione ha questi scopi piuttosto che questi altri? Noi non sappiamo, a priori, qual è la funzione della respirazione o della circolazione nell'essere vivente. Grazie a quale privilegio sarem-

mo noi meglio informati su quanto riguarda la funzione
educativa? Ci si risponderà, evidentemente, che essa ha
come obbiettivo di allevare dei giovani. Ma questo significa semplicemente impostare il problema in termini
appena leggermente differenti; non è risolverlo. Occorrerebbe dire in che cosa consiste questo allevamento, a
che cosa tende, a quali necessità umane risponde. Ora
non è possibile rispondere a queste domande se non
cominciando con l'osservare in che cosa è consistito,
a quali necessità ha risposto nel passato. Perciò l'osservazione storica si dimostra indispensabile, non fosse
che per stabilire la nozione preliminare di « educazione », per determinare la cosa che si denomina in tal
maniera.

2. Definizione dell'educazione.

Per definire l'educazione, dobbiamo esaminare i sistemi educativi che esistono o che sono esistiti, con-
frontarli, mettere in luce i caratteri che loro sono comuni. La somma di questi caratteri costituirà la definizione che noi cerchiamo.

Abbiamo già determinato, strada facendo, due elementi. Perché si abbia educazione occorre che esista
la presenza di una generazione di adulti e di una generazione di giovani, nonché un'azione esercitata dai primi sui secondi. Ci rimane ora da definire la natura di
questa azione.

Non esiste, per così dire, società nella quale il sistema educativo non presenti un doppio aspetto: esso
è, contemporaneamente, uno e multiplo. È multiplo:
infatti, in un certo senso, si può dire che esistono tante specie diverse d'educazione quanti sono i differenti
ambienti sociali in questa società. È questa costituita

in caste? L'educazione varia da una casta all'altra. Quella dei patrizi non era quella dei plebei; quella dei Bramini non era quella dei Çudra. Allo stesso modo, nel Medio Evo, che differenza esisteva fra la cultura che riceveva il giovane paggio, istruito in tutte le arti della cavalleria, e quella del villano che andava ad imparare alla scuola della parrocchia qualche magro elemento di calcolo, di canto e di grammatica! Ancora oggi, non vediamo noi variare l'educazione con la classe sociale od anche semplicemente con l'ambiente? Quella della città non è quella delle campagne, quella del borghese non è quella dell'operaio. Si dirà che questa organizzazione non è moralmente giustificabile, che non vi si può vedere che una sopravvivenza destinata a sparire? La tesi è facile a difendersi. È evidente che l'educazione dei nostri figli non dovrebbe dipendere dal caso che li fa nascere qui o là, da questi genitori piuttosto che da quegli altri. Ma anche se la coscienza morale del nostro tempo avesse ricevuto su questo punto il soddisfacimento che attende, l'educazione non diventerebbe, per questo motivo, più uniforme. Quand'anche la carriera di ogni giovane non fosse più, in gran parte, determinata a priori da una cieca eredità, la differenza morale delle professioni non eviterebbe di portare con sé una grande diversità pedagogica. Ogni professione, infatti, costituisce un ambiente *sui generis,* che richiede attitudini particolari e conoscenze speciali, dove regnano certe idee, certi usi, certe maniere di vedere le cose; e siccome il giovane deve essere preparato in vista della funzione che sarà chiamato a svolgere, l'educazione, a partire da una certa età, non può più rimanere la stessa per tutti i soggetti ai quali viene applicata. È per tale motivo che noi la vediamo, in tutti i paesi civilizzati, tendere sempre più a differenziarsi ed a specializzarsi; e questa specializzazione diventa ogni giorno più

precoce. L'eterogeneità che così si produce non si ba-
sa, come quella della quale abbiamo constatato poço
fa l'esistenza, sopra ingiuste ineguaglianze; ma essa non
è, pur tuttavia, minore. Per trovare un'educazione assolutamente omogenea ed egualitaria, occorrerebbe risalire fino alle società preistoriche, in seno alle quali
non esisteva alcuna differenziazione; ed ancora, queste
società non rappresentavano che un momento logico nella storia dell'umanità.

Ma, qualunque sia l'importanza di queste educazioni speciali, esse non sono « tutta » l'educazione. Si può
anzi dire che esse non bastano a se stesse. Ovunque
le si osservi, esse non divergono le une dalle altre
che a partire da un certo punto, al di qua del quale si
confondono. Esse riposano tutte su una base comune.
Non v'è popolo nel quale non esista un certo numero
d'idee, di sentimenti e di pratiche che l'educazione deve inculcare a tutti i fanciulli indistintamente, qualunque sia la categoria sociale alla quale appartengono. Anche là dove la società è divisa in caste chiuse le une
alle altre, vi è sempre una religione comune a tutti, e,
di conseguenza, i principî della cultura religiosa, che è
allora fondamentale, sono gli stessi per tutta la massa
della popolazione. Anche se ogni casta, ogni famiglia
ha i propri dèi particolari, vi sono delle divinità generali, riconosciute da tutti e che tutti i fanciulli impa-
rano ad adorare. E siccome queste divinità incarnano e
personificano certi sentimenti, certi modi di concepire
il mondo e la vita, non si può esser iniziati al loro culto senza contrarre, contemporaneamente, ogni sorta di
abitudini mentali che superano la sfera della vita puramente religiosa. Allo stesso modo, nel Medio Evo, servi, villani, borghesi e nobili ricevevano in maniera
egualitaria la medesima educazione cristiana.

Se così avviene in società nelle quali la diversità

intellettuale e morale raggiunge un tal grado di contrasto, con quanta maggior ragione avviene la stessa cosa presso i popoli più progrediti, nei quali le classi, benché rimanendo distinte, sono pur tuttavia separate da un abisso meno profondo! Anche là dove tali elementi comuni a qualsiasi educazione non si esprimono sotto forma di simboli religiosi, non mancano tuttavia d'esistere. Nel corso della nostra storia, si è costituito tutto un insieme d'idee sulla natura umana, sull'importanza rispettiva delle nostre differenti facoltà, sul diritto e sul dovere, sulla società, sull'individuo, sul progresso, sulla scienza, sull'arte ecc. che sono alla base stessa del nostro spirito nazionale. Tutta l'educazione, quella del ricco come quella del povero, quella che conduce alle carriere liberali come quella che prepara alle funzioni industriali, ha lo scopo di fissarle nelle coscienze.

Da questi fatti risulta che ogni società si forma un certo ideale dell'uomo, di quello che deve essere tanto dal punto di vista intellettuale che fisico e morale; che questo ideale è, in certa misura, lo stesso per tutti i cittadini; che a partire da un certo punto, si differenzia secondo gli ambienti particolari che comprende nel suo seno qualsiasi società. È questo ideale, contemporaneamente uno e diverso, che costituisce il polo dell'educazione. Questa ha dunque come funzione di suscitare nel fanciullo: 1° un certo numero di stati fisici e mentali che la società, alla quale appartiene, considera come non dover esser assenti in alcuno dei suoi membri - 2° certe condizioni fisiche e mentali, che il particolare gruppo sociale (casta, classe, famiglia, professione) considera egualmente doversi riscontrare in tutti coloro che lo costituiscono. In tal modo, è la società nel suo insieme e ciascun ambiente sociale in particolare, che determinano questo ideale che l'educazione realizza.

La società non può vivere se non esiste fra i suoi

membri una omogeneità sufficiente; l'educazione perpetua e rinforza tale omogeneità, fissando *a priori* nell'anima del fanciullo le similitudini essenziali che impone la vita collettiva. Ma, d'altro canto, senza una certa diversità, qualsiasi cooperazione sarebbe impossibile. L'educazione assicura la persistenza di questa diversità necessaria, diversificandosi essa stessa e specializzandosi. Se la società è arrivata a un livello di sviluppo tale che le sue antiche divisioni in caste e in classi non possono più conservarsi, prescriverà un'educazione più unificata alla base. Se, allo stesso momento, il lavoro è maggiormente diviso, provocherà nei fanciulli, su un primo fondamento d'idee e di sentimenti comuni, una diversità di attitudini professionali più ricca. Se vive in stato di guerra con le società ambientali, si sforzerà di formare gli spiriti su un modello fortemente nazionale; se la concorrenza internazionale prende una forma più pacifica, il tipo che cercherà di realizzare sarà più generale e più umano.

L'educazione non è dunque per essa che il mezzo mediante il quale la società creerà nel cuore delle giovani generazioni le condizioni essenziali per la propria esistenza. Vedremo più lontano come l'individuo stesso ha interesse a sottomettersi a queste esigenze. Arriviamo dunque alla formula seguente: l'educazione è l'azione esercitata dalle generazioni adulte su quelle che non sono ancora mature per la vita sociale. Essa ha per fine di suscitare e sviluppare nel bambino un certo numero di stati fisici, intellettuali e morali, che reclamano da lui sia la società politica nel suo insieme, sia l'ambiente particolare al quale è destinato.

3. Conseguenze della definizione precedente: carattere sociale dell'educazione.

Dalla definizione che precede risulta che l'educazione consiste in una socializzazione metodica della giovane generazione. In ognuno di noi, si può dire, esistono due esseri, i quali, pur essendo inseparabili eccetto che per via di astrazione, non possono evitare tuttavia d'essere distinti. L'uno è fatto di tutti gli stati mentali che non si riferiscono che a noi stessi ed agli avvenimenti della nostra vita personale: è quello che si potrebbe chiamare l'essere individuale. L'altro è un sistema di idee, di sentimenti e di abitudini, che esprimono in noi, non la nostra personalità, ma il gruppo o i gruppi diversi dei quali facciamo parte. Di questo genere sono le credenze religiose, le credenze e le pratiche morali, le tradizioni nazionali o professionali, le opinioni collettive d'ogni genere. Il loro insieme forma l'essere sociale. Costituire questo essere in ciascuno di noi, tale è lo scopo finale dell'educazione.

È da questo, d'altronde, che meglio viene dimostrata l'importanza del suo ruolo e la fecondità della sua azione. Infatti, non soltanto questo essere sociale non è precostituito, già preparato, nella primitiva costituzione dell'uomo: ma non è neppure il risultato d'uno sviluppo spontaneo. Spontaneamente, l'uomo non sarebbe stato propenso a sottomettersi ad un'autorità politica, a rispettare una disciplina morale, ad aver dedizione ed a sacrificarsi. Nulla vi era nella nostra natura congenita che ci predisponesse necessariamente a diventare i servi di divinità, emblemi simbolici della società, a rendere loro un culto, a privarci di qualcosa per render loro onore. È la società stessa che, a misura che si è formata e consolidata, ha estratto dal suo seno queste grandi forze morali, davanti alle quali l'uomo ha sentito la propria inferiorità.

Ora, se noi facciamo astrazione dalle vaghe ed incerte tendenze che possono esser dovute all'eredità, il fanciullo, entrando nella vita, non vi introduce che l'apporto della sua natura individuale. La società si trova quindi, ad ogni nuova generazione, in presenza d'una tavola pressoché rasa, sulla quale deve costruire con sforzi rinnovati. Occorre che, mediante gli accorgimenti più rapidi, all'essere egoista ed asociale che viene al mondo ne venga sovrapposto un altro, capace di condurre una vita morale e sociale. Ecco qual è l'opera dell'educazione: e se ne scorge tutta la grandezza. Essa non si limita a sviluppare l'organismo individuale nella direzione indicata dalla sua natura, a rendere apparenti dei poteri nascosti che non domandavano che di manifestarsi. Essa crea nell'uomo un essere nuovo.

Questa virtù creatrice è, d'altronde, uno speciale privilegio dell'educazione umana. Ben differente è quella che ricevono gli animali, se può esser dato questo nome all'allenamento progressivo al quale sono sottoposti per opera dei loro genitori. Questo può effettivamente accelerare lo sviluppo di certi istinti che sonnecchiano nel piccolo, ma non l'inizia ad una vita nuova. Esso facilita il gioco delle funzioni naturali, ma non crea nulla. Istruito dalla madre, l'uccellino sa volare più presto o fare il nido. Ma non impara quasi nulla che non avrebbe potuto scoprire con la propria esperienza personale.

Questo dipende dal fatto che gli animali o vivono al di fuori di qualsiasi organizzazione sociale, o formano delle società assai semplici, che funzionano grazie a meccanismi istintivi che ciascun individuo porta in se stesso, completamente costituiti, dal momento della nascita. L'educazione non può quindi nulla aggiungere d'essenziale alla natura, poiché questa basta a tutto, alla vita del gruppo come a quella dell'individuo. Viceversa nell'uomo le attitudini di ogni sorta che la vita sociale presuppone sono troppo complesse per poter incarnarsi, in qualche maniera, nei nostri tessuti e materializzarsi sotto forma di predisposizioni organiche. Ne consegue che esse non possono trasmettersi da una generazione all'altra per la via dell'eredità. La trasmissione viene fatta mediante l'educazione.

Peraltro, si dirà, se effettivamente è possibile concepire che le qualità puramente morali, dato che impongono all'individuo delle privazioni, che disturbano i suoi impulsi naturali, non possano essere suscitate in noi che mediante un'azione venuta dall'esterno, non ve ne saranno altre che ciascun individuo ha interesse ad acquisire e che ricerchi spontaneamente? Tali sono le diverse qualità dell'intelligenza, che gli permettono di meglio adattare la propria condotta alla natura delle cose. Tali sono anche le qualità fisiche e tutto quello che contribuisce al vigore ed alla salute dell'organismo. Per queste, perlomeno, sembra che l'educazione, sviluppandole, non faccia che andar incontro allo sviluppo stesso della natura, piuttosto che condurre l'individuo ad uno stato di perfezione relativa verso la quale lui stesso tende, anche se può raggiungerlo più rapidamente grazie al concorso della società.

Ma ciò che indica bene, malgrado le apparenze, che qui come altrove l'educazione risponde innanzi tutto a delle necessità sociali, è il fatto che vi sono delle società nelle quali simili qualità non sono state del tutto coltivate e che, ad ogni modo, sono state interpretate molto diversamente secondo la società stessa. Si è ancora lontani dal vedere riconosciuti da tutti i popoli i vantaggi d'una solida cultura. La scienza, lo spirito critico, che noi collochiamo oggi tanto in alto, sono sta-

ti per lungo tempo guardati con sospetto. Non conosciamo noi una grande dottrina che proclama « beati
i poveri di spirito »? Bisogna guardarsi bene dal ritenere che questa indifferenza per il sapere sia stata imposta artificialmente agli uomini, in violazione della loro natura. Essi non hanno in se stessi l'istintivo appetito per il sapere che loro è stato spesso ed arbitraria-
mente attribuito. Essi non desiderano la scienza che
nella misura in cui l'esperienza ha loro insegnato che
non possono farne a meno. Ora, per quel che riguarda
l'organizzazione della loro vita individuale, non ne avevano bisogno. Come diceva già Rousseau, per soddisfare le necessità vitali, le impressioni, l'esperienza e
gl'istinti potevano bastare, come bastano all'animale. Se l'uomo non avesse conosciuto altri bisogni oltre a quelli molto semplici che hanno le loro radici
nella sua costituzione individuale, non si sarebbe messo alla ricerca della scienza, tanto più che questa non
è stata acquisita senza dolorosi e laboriosi sforzi. Egli
non ha conosciuto la sete del sapere che quando la società l'ha svegliata in lui e la società non l'ha svegliata
che quando essa stessa ne ha sentito il bisogno. Questo momento arrivò quando la vita sociale, sotto tutte
le sue forme, divenne troppo complessa per poter fun-
zionare altrimenti che grazie al concorso del pensiero
meditato, cioè del pensiero illuminato dalla scienza.
Allora la cultura scientifica divenne indispensabile ed
è per questo motivo che la società l'esige dai suoi
membri e l'impone loro come un dovere. Ma alle origini, finché l'organizzazione sociale è semplicissima, po-
chissimo variata, sempre uguale a se stessa, basta la
cieca tradizione, come l'istinto all'animale. Ne deriva
che il pensiero ed il libero esame sono inutili se non
pericolosi, poiché non possono che minacciare la tradizione. È per questo motivo che essi sono proscritti.

Nulla di diverso avviene per le qualità fisiche. Che le condizioni dell'ambiente sociale facciano propendere verso l'ascetismo la pubblica coscienza, e l'educazione fisica sarà respinta in secondo piano. È un poco quello che si è prodotto nelle scuole del Medio Evo. E questo ascetismo era necessario, perché la sola maniera di raggiungere un adattamento alla rudezza di quei tempi difficili era quella di amarla. Allo stesso modo, secondo il corso dell'opinione, questa stessa educazione verrà intesa nei sensi più diversi. A Sparta, essa aveva soprattutto lo scopo d'indurire le membra alla fatica; ad Atene, rappresentava la maniera di fare dei corpi belli per l'occhio; ai tempi della cavalleria, le si domandava di formare dei guerrieri agili e svelti; ai nostri giorni, essa non ha più che uno scopo igienico e si preoccupa sopratutto di limitare i pericolosi effetti d'una cultura intellettuale troppo intensa. Così, anche le qualità che sembravano, a prima vista, tanto spontaneamente desiderabili, non sono ricercate dall'individuo che quando la società gliene rivolge l'invito ed egli le ricerca nella maniera che essa gli prescrive.

Siamo così in grado di rispondere ad una domanda che è provocata da tutto quello che precede. Mentre noi mostravamo la società che modellava secondo i propri bisogni gli individui, poteva sorgere il dubbio che questi subissero per tal fatto una intollerabile tirannia. Viceversa, in realtà, sono essi stessi interessati a questa sottomissione perché l'essere nuovo che l'azione collettiva, attraverso l'educazione, edifica in tal modo in ciascuno di noi, rappresenta quello che vi è di meglio in noi, quello che vi è in noi di propriamente umano. L'uomo, infatti, non è un uomo che perché vive in società. È difficile, nei limiti d'un articolo, dimostrare rigorosamente un'affermazione così generale e così importante, che riassume i lavori della sociolo-

gia contemporanea. Ma, per incominciare, si può dire
che essa è di meno in meno contestata. Inoltre, non
è impossibile ricordare sommariamente i fatti più essenziali che la giustificano.

Innanzi tutto, se vi è oggi un fatto storicamente
stabilito, questo è che la morale è strettamente in rapporto con la natura della società, poiché, come abbiamo indicato cammin facendo, essa cambia quando
le società cambiano. Cioè essa dipende dalla vita in
comune. È la società, infatti, che ci fa uscire dal nostro
egocentrismo, che ci obbliga a tener conto di altri interessi che non sono i nostri, che ci ha insegnato a dominare le nostre passioni, i nostri istinti, a dare loro
una legge, ad aver soggezione, a privarci, a sacrificarci,
a subordinare i nostri scopi personali a scopi più ele-
vati. Tutto il complesso di rappresentazioni che pro-
voca in noi l'idea ed il sentimento della regola, della
disciplina tanto interiore che esteriore, è la società che
l'ha imposto alle nostre coscienze. È per tal motivo che
abbiamo acquisito questa forza di resistere a noi stessi,
questa padronanza sulle nostre tendenze che è una delle
caratteristiche della fisionomia umana e che è tanto
più sviluppata quanto più noi siamo degli uomini nel
pieno senso della parola.

Né dobbiamo meno alla società dal punto di vista
intellettuale. È la scienza che elabora le nozioni basi-
lari che dominano il nostro pensiero: nozioni di causa,
di legge, di spazio, di numero, dei corpi, della vita,
della coscienza, della società ecc. Tutte queste idee fondamentali sono perpetuamente in evoluzione. Ciò avviene perché esse sono il riassunto, la risultante di tutto
il lavoro scientifico, ben lontano dall'esserne il punto
di partenza come invece credeva Pestalozzi. Noi non
ci rappresentiamo l'uomo, la natura, le cause, lo spazio
stesso come se lo rappresentava l'uomo del Medio Evo;

ciò dipende dal fatto che le nostre conoscenze ed i nostri metodi scientifici non sono più gli stessi. Ora, la scienza è un'opera collettiva, poiché suppone una vasta collaborazione di tutti gli uomini di scienza non soltanto della stessa epoca, ma di tutte le epoche successive della storia.

Prima che le scienze fossero organizzate, la religione aveva lo stesso ufficio; perché quàlsiasi mitologia costituisce una rappresentazione, già elaboratissima, dell'uomo e dell'universo. La scienza, del resto, è stata l'erede della religione. Ora, la religione è un'istituzione sociale. Imparando una lingua, noi apprendiamo tutto un sistema di idee distinte e classificate e siamo gli eredi di tutti i lavori dai quali sono derivate queste classificazioni che riassumono secoli d'esperienza. Ma v'è di più: senza il linguaggio, noi non avremmo, per così dire, delle idee generali, perché è la parola che, fissandole, dà ai concetti una consistenza sufficiente perché possano esser maneggiati comodamente dallo spirito. È dunque il linguaggio che ci ha permesso d'elevarci al disopra della pura sensazione; e non è necessario dimostrare che il linguaggio è, innanzi tutto, un elemento sociale.

Da questi pochi esempi, si può capire a che cosa si ridurrebbe l'uomo se gli si ritirasse tutto quello che egli riceve dalla società: ricadrebbe al livello degli animali. Se ha potuto oltrepassare lo stadio al quale gli animali si sono arrestati, lo si deve innanzi tutto al non essere egli ridotto al solo frutto dei propri sforzi personali ma di cooperare regolarmente coi suoi simili; ciò che rafforza il rendimento dell'attività di ciascuno. Di più e soprattutto, i prodotti del lavoro di una generazione non sono perduti per la generazione che viene dopo. Di quello che un animale ha potuto imparare nel corso della sua esistenza individuale, quasi nulla può sopravvivergli. Al contrario, i risultati dell'esperienza umana si conservano quasi integralmente e questo anche nel più minuto particolare, grazie ai libri, ai monumenti figurativi, agli attrezzi, agli strumenti d'ogni sorta che si trasmettono di generazione in generazione, alla tradizione orale ecc. Il terreno naturale si copre in tal modo d'una ricca alluvione che va aumentando senza arresto. Invece di andar dispersa tutte le volte che una generazione si spegne ed è sostituita da un'altra, la saggezza umana si accumula senza arresto ed è questa accumulazione indefinita che eleva l'uomo al disopra della bestia ed al disopra di se stesso.

Ma, al pari della cooperazione della quale si è trattato prima, questo accumulo non è possibile che nell'interno e per opera d'una società. In quanto, affinché i lasciti di ciascuna generazione possano essere conservati ed aggiunti agli altri, occorre che esista una personalità morale che duri al di sopra delle generazioni che passano, che le colleghi le une alle altre: è questa la società. In tal modo, l'antagonismo che troppo spesso si è ammesso esistere tra l'individuo e la società non corrisponde per niente alla realtà. Anzi, ben lontani dall'esser in opposizione e dal non poter svilupparsi che in senso contrario, questi due termini s'incastrano l'uno nell'altro. L'individuo, volendo la società, vuole se stesso. L'azione che questa esercita su di lui, sopratutto per la via dell'educazione, non ha affatto lo scopo di comprimerlo, di diminuirlo, di denaturarlo; al contrario, vuole ingrandirlo e farne un essere veramente umano. Senza dubbio, egli non può ingrandirsi se non facendo uno sforzo. Ma è precisamente la possibilità di fare volontariamente uno sforzo quello che costituisce una delle caratteristiche più essenziali dell'uomo.

4. La funzione dello Stato in materia d'educazione.

Questa definizione dell'educazione permette di ri-solvere facilmente il problema, tanto controverso, dei doveri e dei diritti dello Stato in materia d'educazio-ne. Si oppone loro il diritto della famiglia. Il fanciullo, si dice, è innanzitutto dei suoi genitori: è dunque a questi che spetta di dirigere, come giudicano necessa-rio, il suo sviluppo intellettuale e morale. L'educazio-ne è allora concepita come una cosa essenzialmente pri-vata e domestica. Quando ci si colloca da simile punto di vista, si tende, naturalmente, a ridurre al minimo possibile l'intervento dello Stato in questa materia. Lo Stato dovrebbe, si dice, limitarsi a servire d'ausiliario e di sostituto alle famiglie. Quando queste non sono in condizioni di compiere i loro doveri, è naturale che quello se ne incarichi. È anche naturale che renda lo-ro il compito il più facile possibile, mettendo a loro disposizione delle scuole, dove possano, se vogliono, in-viare i loro figli. Ma deve contenersi strettamente en-tro questi limiti, e vietare a se stesso qualsiasi azione positiva destinata ad imporre un orientamento deter-minato allo spirito della gioventù.

Viceversa il suo compito è ben lontano dal dover rimanere così negativo. Se, come noi abbiamo cercato di stabilire, l'educazione ha, innanzi tutto, una fun-zione collettiva; se essa ha per oggetto l'adattamento del fanciullo all'ambiente sociale nel quale è destinato a vivere, è impossibile che la società si disinteressi d'una tale opera. Come potrebbe esser assente, quando è que-sto il punto di riferimento verso il quale l'educazione deve dirigere la propria azione? È quindi ad essa che tocca ricordare senza arresto al docente quali sono le idee, i sentimenti che devono esser inculcati al fan-ciullo per metterlo in armonia coll'ambiente nel quale

è chiamato a vivere. Se non restasse sempre presente
e vigilante, per costringere l'azione pedagogica ad esercitarsi in un senso sociale, questa si metterebbe necessariamente al servizio di ideologie particolari e la grande anima della Patria si frantumerebbe e si ridurrebbe
ad una moltitudine incoerente di piccole anime fram-
mentarie in conflitto le une contro le altre. Non si potrebbe andare più completamente contro lo scopo fondamentale di qualsiasi educazione.

Occorre scegliere: se si dà qualche valore all'esistenza della società — e abbiamo visto quello che essa rappresenta per noi — occorre che l'educazione as-
sicuri tra i cittadini una sufficiente comunità di idee e di
sentimenti, senza la quale qualsiasi società è impossibile. E perché possa dare un simile risultato, occorre
pure che essa non sia totalmente abbandonata all'arbitrio dei privati.

Dal momento che l'educazione è una funzione essenzialmente sociale, lo Stato non se ne può disinte-
ressare. Al contrario, tutto quello che le si riferisce deve essere, in qualche maniera, sottoposto alla sua superiore azione. Non si deve dire, con questo, che lo
Stato debba monopolizzare l'insegnamento. La questione è troppo complessa perché sia possibile trattarla così di sfuggita: ci riserviamo di approfondirla a parte.
Si può ritenere che i progressi scolastici siano più facili e più pronti dove un certo margine è lasciato alle
iniziative individuali, dato che l'individuo è più facilmente innovatore dello Stato. Ma da questo, cioè
dal dover lo Stato, nell'interesse pubblico, lasciar apri-
re altre scuole oltre a quelle delle quali ha più direttamente la responsabilità, non deriva che egli debba
rimanere estraneo a quello che vi succede. Al contrario, l'educazione che viene in quelle impartita deve rimanere soggetta al suo controllo. Neppure è ammissi-

bile che la funzione dell'educatore possa esser esercitata
da qualcuno che non presenti delle garanzie speciali delle quali lo Stato solo può essere giudice.

Senza dubbio, i limiti entro i quali deve svolgersi
il suo intervento possono essere determinati con difficoltà una volta per tutte, ma il principio di questo intervento non può essere contestato. Non vi è scuola che
possa accampare il diritto di dare, con piena libertà,
un'educazione antisociale. È ad ogni modo necessario
riconoscere che lo stato di divisione nel quale sono, in
questo momento, gli spiriti nel nostro paese, rende tale
dovere particolarmente delicato ma, d'altra parte, nello stesso tempo ancor più importante. Non è compito
dello Stato, infatti, la creazione di questa comunità di
idee e di sentimenti senza i quali una società non può
sussistere; questa deve costituirsi da sola e lo Stato non
può che consacrarla, mantenerla, renderne più consape-
voli i singoli. Ora, è disgraziatamente incontestabile che
da noi questa unità morale non è quella che dovrebbe
essere, sotto tutti i punti di vista. Noi siamo divisi da
concezioni divergenti e persino, talvolta, contradditto-
rie. Vi è, in queste divergenze, un fatto che è impossibile negare e del quale occorre tener conto. Non sarebbe ammissibile il riconoscimento alla maggioranza del
diritto d'imporre le proprie idee ai fanciulli della mi-
noranza. La scuola non può essere la cosa d'un partito
ed il docente manca ai suoi doveri quando fa uso del-
l'autorità della quale dispone per trascinare i suoi alunni
nel solco dei suoi parteggiamenti personali, per quanto
gli possano sembrare giustificati. Ma, a dispetto di tutte le dissidenze, si ha già attualmente, alla base della
nostra civiltà, un certo numero di principi che, implicitamente o esplicitamente, sono comuni a tutti, che ben
pochi, ad ogni modo, osano negare apertamente e direttamente: rispetto della ragione, della scienza, delle

idee e dei sentimenti che sono alla base della morale democratica. Il compito dello Stato è di mettere in evidenza questi principi essenziali, di farli insegnare nelle sue scuole, di vegliare acciocché da nessuna parte politica si lascino ignorare ai giovani, che dappertutto se ne parli col rispetto che loro è dovuto. Sotto questo rapporto ha un'azione da esercitare, che sarà, può darsi, tanto più efficace quanto sarà meno aggressiva e meno violenta e saprà meglio contenersi entro saggi limiti.

5. Potere dell'educazione. I mezzi d'azione.

Dopo aver determinato lo scopo dell'educazione, dobbiamo cercare di stabilire come ed in qual misura è possibile raggiungere questo scopo, cioè come ed in qual misura l'educazione può essere efficace.

La questione è stata, in ogni tempo, molto controversa. Per Fontenelle « né la buona educazione fa il buon carattere, né la cattiva lo distrugge ». Al contrario, per Locke, per Helvetius, l'educazione è onnipotente. Secondo quest'ultimo « Tutti gli uomini nascono uguali e con attitudini eguali; l'educazione sola crea le differenze ». La teoria di Jacotot s'avvicina alla precedente.

La soluzione che si dà al problema dipende dall'idea che ci si fa dell'importanza e della natura delle predisposizioni innate da un lato e dall'altro lato dalla potenza dei mezzi d'azione dei quali dispone l'educatore. L'educazione non fa l'uomo dal nulla, come lo ritenevano Locke ed Helvetius; essa si applica a disposizioni che si trovano già bell'e pronte. D'altra parte si può concedere d'una maniera generale che queste tendenze congenite sono fortissime, difficilissime a distruggere o a trasformare radicalmente; perché esse dipendono da condizioni organiche, sulle quali l'educatore ha scarsa presa. Ne consegue che, nella misura in cui esse possiedono un obbiettivo definito, che dirigono lo spirito ed il carattere a dei modi d'agire e di pensare strettamente determinati, tutto l'avvenire dell'individuo si trova fissato a priori e non rimane molto da fare all'educazione.

Ma, fortunatamente, una delle caratteristiche dell'uomo è questa: che le predisposizioni innate sono in lui molto generali ed assai vaghe. Vi è, effettivamente, un tipo di predisposizione stabilita, rigida, invariabile, che non lascia molto posto all'azione delle cause esterne, ed è l'istinto. Ora, ci si può domandare se esiste nell'uomo un solo istinto propriamente detto. Si parla talvolta dell'istinto di conservazione, ma l'espressione è impropria. Perché un istinto è un sistema di movimenti determinati, sempre gli stessi, che, una volta fatti scattare dalla sensazione, si concatenano automaticamente gli uni agli altri finché non sono arrivati al loro termine naturale, senza che la riflessione abbia da intervenire in nessuna parte. Viceversa, i movimenti che noi facciamo quando la nostra vita è in pericolo nulla hanno a che vedere con questa determinazione e questa invariabilità automatica. Essi cambiano a seconda della situazione; noi li adattiamo alle circostanze; ciò vuol dire che non si producono senza una certa scelta cosciente, benché rapida. Quello che viene chiamato istinto di conservazione non è, in definitiva, che un impulso generale a fuggire la morte, senza che i mezzi mediante i quali noi cerchiamo d'evitarla siano predeterminati, una volta per tutte. Non si può dire altrettanto di quello che talvolta si chiama, non meno impropriamente, l'istinto materno, l'istinto paterno e persino l'istinto sessuale. Sono degli impulsi in una data direzione; ma i mezzi mediante i quali questi impulsi si realizzano cambiano da individuo ad individuo, da un'occasione ad un'altra. Un largo

spazio rimane quindi riservato alle incertezze, agli adat-
tamenti personali e, di conseguenza, all'azione di cause
che non possono far sentire la loro influenza che dopo
la nascita. Ora, l'educazione è una di queste cause.

Si è preteso, è vero, che il bambino ereditasse talvolta una tendenza fortissima verso un atto definito,
come il suicidio, il furto, l'omicidio, la frode ecc. Ma
queste asserzioni non vanno assolutamente d'accordo
coi fatti. Qualunque cosa si possa dire, non si nasce cri-
minali; ancor meno si è votati, a partire dalla nascita,
a questo o a quel tipo di delitto; il paradosso dei cri-
minalisti italiani non conta più, oggi, molti difensori.
Quello che viene ereditato è una certa mancanza d'equilibrio mentale, che rende l'individuo più refrattario ad
una condotta regolare e disciplinata. Ma un simile temperamento non destina a priori un uomo ad essere un
esploratore amante delle avventure, piuttosto che un
criminale, un profeta, un innovatore politico, un inven-
tore ecc. Si può dire altrettanto di tutte le attitudini
professionali. Come nota Bain, « il figlio d'un grande
filologo non ne eredita un solo vocabolo; il figlio d'un
grande viaggiatore può a scuola esser superato, in geografia, dal figlio d'un minatore ». Quello che il fanciullo riceve dai suoi genitori sono delle facoltà molto generali: è una certa forza d'attenzione, una certa dose di
perseveranza, un giudizio sano, dell'immaginazione ecc.
Ma ciascuna di queste facoltà può servire a qualsiasi
genere di scopi differenti. Un fanciullo dotato di un'immaginazione assai viva, potrà, secondo le circostanze,
secondo le influenze che verranno ad agire su di lui, diventare un pittore o un poeta, un ingegnere dotato di
spirito inventivo o un ardito finanziere. Vi è quindi uno
scarto notevole fra le qualità naturali e la forma speciale che esse devono prendere per esser utilizzate nella
vita. Cioè l'avvenire non è strettamente predeterminato

dalla nostra costituzione congenita. Il motivo si può comprendere facilmente. Le sole forme d'attività che possono trasmettersi ereditariamente sono quelle che si ripetono sempre in una maniera sufficientemente identica per potersi fissare in una forma rigida nel tessuto dell'organismo. Ora, la vita umana dipende da condizioni multiple, complesse e, di conseguenza, mutevoli. Occorre che essa stessa cambi e si modifichi senza arresto. Ne consegue che è impossibile che si cristallizzi in una forma definita e definitiva. Ma solo delle disposizioni molto generali, molto vaghe, che esprimono i caratteri comuni a tutte le esperienze particolari, possono sopravvivere e passare da una generazione all'altra.

Dire che i caratteri innati sono, per la maggior parte, molto generici, è dire che sono molto malleabili, molto pieghevoli, poiché essi possono ricevere delle influenze determinanti differentissime. Tra le virtualità indecise che costituiscono l'uomo al momento della nascita ed il personaggio ben definito che egli deve diventare per poter avere nella società un'azione utile, la distanza è dunque considerevole. È questa distanza che l'educazione deve far percorrere al fanciullo. Si vede quale vasto campo è aperto alla sua azione. Ma, per esercitare questa azione, ha essa dei mezzi di sufficiente energia?

Per dare un'idea di quello che costituisce l'azione educativa e mostrarne la potenza, uno psicologo contemporaneo, Guyau, l'ha paragonata alla suggestione ipnotica. E l'avvicinamento non è senza fondamento. La suggestione ipnotica presuppone, infatti, le due condizioni seguenti: 1) lo stato nel quale si trova il soggetto ipnotizzato è caratterizzato dalla sua eccezionale passività. Lo spirito è quasi ridotto alle condizioni di tabula rasa, una specie di vuoto è stato realizzato nel cosciente; la volontà è come paralizzata. Ne deriva che l'idea sug-

gerita, non ostacolata da un'idea 'contraria, può instal-
larsi incontrando un minimo di resistenza; - 2) tuttavia,
siccome il vuoto non è mai completo, occorre in più che
l'idea contenga, per la suggestione stessa, una potenza
d'azione particolare. A tale scopo occorre che l'ipnotizzatore parli con un tono di comando, con autorità. Deve
dire « io voglio »; ed anche dimostrare che il rifiuto
d'obbedire non è neppure immaginabile, che l'atto deve
essere compiuto, che la cosa deve esser vista tal quale
egli la fa vedere, che non può essere altrimenti. Se egli
tende ad indebolire la sua azione, si vede il soggetto
esitare, talvolta persino rifiutare d'obbedire. Se per avventura entra in discussione, il suo potere è liquidato.
Più la suggestione va contro il temperamento dell'ipnotizzato, più il tono imperativo è indispensabile.

Ora, queste due condizioni si trovano realizzate nei
rapporti che mantiene l'educatore col fanciullo sottoposto alla sua azione: 1° il giovane è naturalmente in uno
stato di passività assolutamente paragonabile a quello
nel quale l'ipnotizzato si trova posto artificialmente.
La sua coscienza non contiene ancora che un piccolo numero di rappresentazioni capaci di lottare contro quelle
che gli sono suggerite; la sua volontà è ancora rudi-
mentale, perciò è facilissimamente suggestionabile. Per
lo stesso motivo è accessibilissimo al contagio dell'esempio, particolarmente incline all'imitazione; - 2° l'ascendente che il maestro ha naturalmente sul suo alunno,
dovuto alla superiorità della sua esperienza e della sua
cultura, darà naturalmente alla sua azione la potente
efficacia che le è necessaria.

Questo paragone dimostra come l'educatore sia ben
lontano dall'essere disarmato, dato che si conosce tutta
la potenza della suggestione ipnotica. Se adunque l'azione educativa possiede, anche se ad un livello minore,
un'analoga efficacia, possiamo aspettarci molto da essa,

purché si sappia servirsene. Lungi dallo scoraggiarci per la nostra impotenza, noi dobbiamo piuttosto essere spaventati per l'estensione del nostro potere. Se maestri e genitori sentissero, in una maniera più costante, che nulla può succedere in presenza del fanciullo che non lasci in lui qualche traccia, che la forma del suo spirito ed il suo carattere dipendono da queste migliaia di piccole azioni insensibili che si producono ad ogni istante ed alle quali non si fa nemmeno attenzione per il loro apparente scarso significato, come sorveglierebbero meglio il loro linguaggio e la loro condotta! È sicuro che l'educazione non può arrivare a grandi risultati quando essa procede a strattoni bruschi ed intermittenti. Come dice Herbart, non è sgridando il fanciullo di tanto in tanto con violenza che si può agire con energia su di lui. Ma quando l'educazione è paziente e continua, quando non ricerca successi immediati ed apparenti, ma prosegue lentamente in un senso ben determinato, senza lasciarsi sviare dagli incidenti esteriori e dalle circostanze fortuite, dispone di tutti i mezzi necessari per imprimere un marchio profondo nelle anime.

Si vede nello stesso tempo quale è la molla essenziale dell'azione educativa. Ciò che costituisce l'influenza dell'ipnotizzatore è l'autorità che egli possiede per le circostanze. Per analogia si può già dire che l'educazione deve essere essenzialmente un'azione di autorità. Questo importante principio può, d'altronde, esser stabilito direttamente. Infatti, noi abbiamo visto che l'educazione ha lo scopo di sovrapporre all'essere individualista ed asociale che noi siamo alla nascita, un essere totalmente nuovo. Deve portarci a superare la nostra natura originaria. È a questa condizione che il fanciullo diventerà un uomo. Ora, noi non possiamo elevarci al disopra di noi stessi che mediante uno sforzo più o meno penoso. Nulla è tanto falso ed illusorio quanto il concetto epicureo dell'educazione, il concetto d'un Montaigne, per esempio, secondo il quale l'uomo può formarsi divertendosi e senz'altro incitamento che l'attrattiva del piacere. Se la vita nulla ha di fosco e se è criminale renderla artificialmente cupa sotto lo sguardo del fanciullo, è però sempre una cosa seria e grave e l'educazione, che prepara alla vita, deve partecipare di questa gravità. Per imparare a contenere il proprio egoismo naturale, a subordinarsi a dei fini più alti, a sottomettere i propri desideri all'imperio della propria volontà, a mantenerli entro giusti limiti, è necessario che il fanciullo eserciti su se stesso una forte contenzione. Ora, noi non costringiamo noi stessi, noi non ci facciamo violenza che per l'una o l'altra di queste due ragioni: perché occorre per una necessità fisica o perché noi lo dobbiamo moralmente. Ma il bambino non può sentire la necessità che ci impone questi sforzi nel campo fisico, perché non è a contatto immediato con le dure necessità della vita che rendono quest'attitudine indispensabile. Non è ancora impegnato nella lotta; checché ne abbia detto Spencer, noi non possiamo lasciarlo esposto a troppo rudi reazioni della realtà. Occorre che egli sia già in gran parte formato quando le affronterà veramente. Non è dunque sulla loro pressione che si può contare per spingerlo a tendere la sua volontà e ad acquisire su se stesso la necessaria padronanza.

Resta il dovere. Il senso del dovere, ecco, infatti, quale è, per il fanciullo e per lo stesso adulto, lo stimolante dello sforzo per eccellenza. Lo stesso amor proprio lo suppone. Perché, per essere sensibile come è necessario, alle punizioni ed alle ricompense, occorre già aver coscienza della propria dignità e, conseguentemente, del proprio dovere. Ma il fanciullo non può conoscere il dovere che per il tramite dei suoi maestri o dei suoi genitori. Non può sapere quello che è se non attraverso la maniera nella quale glielo rivelano, mediante il loro linguaggio e la loro condotta. È quindi necessario che essi siano, per lui, il dovere incarnato e personificato. In altre parole, l'autorità morale è la qualità principale che deve possedere l'educatore. Perché è per l'autorità che è in lui che il dovere è il dovere. Quello che egli possiede di totalmente *sui generis,* è il tono imperativo col quale parla alle coscienze, il rispetto che egli ispira alle volontà e che le fa piegare appena ha parlato. Per conseguenza, è indispensabile che un'impressione dello stesso genere emani dalla persona del maestro.

Non è necessario aggiungere che l'autorità, in tal modo intesa, nulla ha di violento né di repressivo; consiste interamente in un certo ascendente morale. Suppone realizzate nel maestro due condizioni principali: innanzi tutto, che egli abbia della volontà. Perché l'autorità implica la fiducia ed il fanciullo non può dare la propria fiducia a qualcuno che egli vede esitare, tergiversare, ritornare sulle proprie decisioni. Ma questa prima condizione non è l'essenziale. Quello che importa sopratutto è che il maestro senta realmente in se stesso quell'autorità della quale deve dare il senso. Questa costituisce una forza che non può manifestarsi se, egli non la possiede realmente. Ora, di dove può venirgli? Dal potere materiale del quale è armato, dal diritto che egli ha di punire o di ricompensare? Ma il timore del castigo è tutt'altra cosa che il rispetto dell'autorità. Esso non ha un valore morale se la punizione non è riconosciuta giusta da colui che la subisce. Ciò implica che l'autorità punitiva deve essere preventivamente riconosciuta come legittima. Questo è il punto principale. Non è dall'esterno che il maestro può acquisire la propria autorità, è da se stesso; essa non può venirgli che da una fede interiore. Egli deve credere non in se stesso, non alle qualità superiori della sua intelligenza o del suo cuore, ma al suo compito ed alla grandezza di questo compito. Quello che costituisce l'autorità della quale si colora così facilmente la parola del prete, è l'alta idea che egli ha della propria missione; perché egli parla in nome d'un dio al quale si crede, al quale si sente più vicino della massa dei profani. Il maestro laico può e deve avere qualche cosa di questa persuasione. Anche lui è il mandatario d'una grande persona morale che lo supera: la società. E come il prete è l'interprete del suo dio, egli è l'interprete delle grandi idee morali del suo tempo e del suo paese. Se adunque ha dell'attaccamento a queste idee, se ne sente tutta la grandiosità, l'autorità che in esse è contenuta e della quale ha coscienza, non potrà mancare dal comunicarsi alla sua persona ed a tutto quello che da essa emana. In un'autorità che deriva da un'origine così impersonale, non può introdursi né orgoglio, né vanità, né pedanteria. Essa è interamente costituita dal rispetto che egli ha delle sue funzioni e, se ci è consentita la parola, del suo ministero. È questo rispetto che, per il tramite della parola, del gesto, passa dalla sua coscienza a quella del fanciullo.

Si è talvolta messo in opposizione la libertà e l'autorità, come se questi due fattori dell'educazione si contraddicessero e si limitassero reciprocamente. Ma questa opposizione è fittizia. In realtà questi due termini sono collegati fra loro invece di escludersi. La libertà è figlia d'una autorità ben intesa. Perché esser liberi non vuol dire fare quello che ci pare e piace; vuol dire esser padroni di se stessi, vuol dire saper agire in base alla ragione e fare il proprio dovere. Ora, è proprio a dotare il fanciullo di questa padronanza di sé che l'autorità del maestro deve esser impiegata. L'autorità del docente non è che un aspetto dell'autorità del dovere e della ragione. Il fanciullo deve quindi esser esercitato a riconoscerla nella parola dell'educatore e subirne l'ascendente. È a questa condizione che saprà più tardi ritrovarla nella sua coscienza ed obbedirle.

2. NATURA E METODO DELLA PEDAGOGIA

Spesso sono stati confusi i due termini « educazione » e « pedagogia », che richiedevano invece di essere accuratamente separati.

L'educazione è l'azione esercitata sui fanciulli dai genitori e dai maestri. Questa azione è di ogni istante ed è generale. Non v'è periodo della vita sociale, non vi è neppure — si può dire — un momento della giornata nel quale le giovani generazioni non siano a contatto coi loro maggiori, e quindi non ricevano da questi ultimi l'influenza educatrice: perché questa influenza non si fa soltanto sentire nei brevissimi istanti nei quali i genitori od i maestri comunicano coscientemente — e per le vie dell'insegnamento propriamente detto — i risultati delle loro esperienze a quelli che vengono dopo di loro. Vi è un'educazione inconscia che non cessa mai. Col nostro esempio, con le parole che pronunciamo, con gli atti che compiamo, noi plasmiamo in una maniera continua l'anima dei nostri figli.

Ben diversamente avviene con la pedagogia. Questa consiste non in azioni, ma in teorie. Queste teorie sono dei modi di concepire l'educazione, non della maniera di praticarla. Talvolta esse sono talmente distinte dai metodi pratici in uso, da giungere al punto di opporsi a loro. La pedagogia di Rabelais, quella di Rousseau o di Pestalozzi, sono in opposizione con l'educazione dei loro tempi. L'educazione non è quindi che la materia oggetto della pedagogia. Quest'ultima consiste, in un certo qual modo, nella meditazione sui problemi dell'educazione. È questo che rende la pedagogia, almeno in passato, intermittente, mentre l'educazione è continua. Vi sono dei popoli che non hanno avuto una pedagogia propriamente detta; questa è anzi apparsa soltanto ad un'epoca relativamente avanzata della storia. Non la si trova in Grecia che dopo l'epoca di Pericle, con Platone, Senofonte ed Aristotele. È appena esistita a Roma. Nelle società cristiane, non è che nel XVI secolo che essa produce delle opere importanti; e lo sviluppo che ebbe allora si rallentò al secolo seguente, per non riprendere tutto il suo vigore che nel corso del secolo XVIII. Ciò dipese dal fatto che l'uomo non riflette sempre, ma solo quando ha bisogno di farlo e si trova nelle condizioni di poter riflettere, ciò che non gli è possibile sempre e dappertutto.

Ciò posto, dobbiamo cercare quali sono i caratteri della riflessione pedagogica e di quello che produce. Dobbiamo noi vedervi delle dottrine scientifiche e dobbiamo noi dire che la pedagogia è una scienza, la scienza dell'educazione? O conviene darle un altro nome; e quale? La natura del metodo pedagogico sarà intesa molto differentemente, secondo le risposte che verranno date a queste domande.

I

Che le cose dell'educazione, considerate da un certo punto di vista, possano costituire l'oggetto d'una disciplina che presenta tutti i càratteri delle altre discipline scientifiche, è, prima di tutto, quello che è facile dimostrare. Infatti, perché si possa chiamare scienza un insieme di studi, è necessario e sufficiente che essi presentino i seguenti caratteri: *1°* si devono riferire a fatti acquisiti, realizzati, presentati all'osservazione. Una scienza, infatti, si definisce mediante l'oggetto delle sue ricerche. Essa suppone, di conseguenza, che questo oggetto esista, che si possa — in un certo modo — segnare col dito, segnare il posto che occupa nell'insieme delle realtà. - *2°* occorre che questi fatti presentino fra di loro una omogeneità sufficiente per poter essere classificati in una stessa categoria. Se fossero inconciliabili gli uni con gli altri, non si avrebbe una scienza, ma dovrebbero esistere tante scienze differenti quante specie distinte di cose da studiare. Accade ben sovente alle scienze che stanno nascendo e costituendosi, di abbracciare confusamente una quantità di obbiettivi diversi: è il caso, per esempio, della geografia, dell'antropologia ecc. Ma questo non è mai altro che una fase transitoria del loro sviluppo; - *3°* finalmente, la scienza studia questi fatti per conoscerli ed esclusivamente per conoscerli, in modo assolutamente disinteressato. Noi ci serviamo apposta di questa parola un po' generale e vaga, « conoscere », senza precisare altrimenti in che cosa possa consistere la conoscenza detta scientifica. Poco importa, infatti, che lo studioso si applichi a costituire dei tipi piuttosto che a scoprire delle leggi, che egli si limiti a descrivere oppure che egli cerchi di spiegare. La scienza incomincia dal momento che il sapere, qualunque esso sia, è ricercato per se stesso. Senza dubbio, l'uomo di scienza sa che le sue scoperte saranno verisimilmente suscettibili d'essere utilizzate. Può persino accadere che egli diriga di preferenza le sue ricerche verso tale o tal altro punto, perché ha il presentimento che esse saranno così proficue, da permettere di soddisfare dei bisogni urgenti. Ma finché si dà alla ricerca scientifica egli si disinteressa dei risultati pratici.

Dice quello che è; constata come sono le cose e si ferma là. Non si preoccupa di sapere se le verità che scopre saranno gradevoli o sconcertanti, se è bene che i rapporti che ha stabilito restino quello che sono o se sarebbe meglio che fossero differenti. Il suo compito è di ricercare la realtà, non di giudicarla.

Ciò posto, non vi sono motivi perché l'educazione non diventi l'oggetto d'una ricerca che soddisfaccia a tutte queste condizioni e che, di conseguenza, presenti tutti i caratteri d'una scienza. Infatti, l'educazione in uso in una società determinata e considerata ad un momento determinato della sua evoluzione, è un insieme di pratiche, di maniere di fare, di usi, che costituiscono dei fatti perfettamente definiti e che hanno la stessa realtà degli altri fatti sociali. Non sono, come si è creduto per lungo tempo, delle combinazioni più o meno arbitrarie ed artificiali, che non devono la loro esistenza che all'influenza capricciosa di volontà sempre contingenti. Esse, al contrario, costituiscono delle vere istituzioni sociali. Non vi è essere umano che possa far sì che una società abbia, ad un determinato momento, un altro sistema educativo che quello che è implicito nella sua struttura, alla stessa maniera nella quale è impossibile ad un organismo vivente di avere altri organi ed altre funzioni che quelli che sono impliciti nella sua costituzione.

Se a tutte le ragioni che sono state date per appoggiare questo concetto, è necessario aggiungerne delle nuove, basterà prendere coscienza della forza imperativa con la quale queste pratiche s'impongono a noi. È vano credere che noi alleviamo i nostri figli secondo la nostra volontà. Noi siamo forzati a seguire le regole che regnano nell'ambiente sociale nel quale viviamo. L'opinione ce lo impone e l'opinione è una forza morale il cui potere costringente non è minore di quello delle forze fisiche. Le usanze alle quali essa fornisce la propria autorità sono, appunto per questo, sottratte, in una larga misura, all'azione degli individui. Noi possiamo contravvenirvi, ma allora le forze morali contro le quali in tal maniera insorgiamo, reagiscono contro di noi ed è difficile, data la loro superiorità, che noi non restiamo vinti. Allo stesso modo possiamo ribellarci contro le forze materiali dalle quali dipendiamo; possiamo tentar di vivere in altro modo da come l'impone la natura del nostro ambiente fisico. Ma allora la morte o la malattia sono la sanzione della nostra rivolta. E identicamente, noi siamo immersi in un'atmosfera di idee e di sentimenti collettivi che non possiamo modificare a volontà; ed è su delle idee e dei sentimenti di questo genere che riposano le pratiche educative. Sono dunque delle cose distinte da noi, poiché esse ci resistono; delle realtà che hanno in loro stesse una natura definita, acquisita, che s'impone a noi.

Di conseguenza può accadere d'osservarle, di cercar di conoscerle, al solo scopo di averne cognizione. D'altra parte, tutte le pratiche educative, qualunque esse possano essere, qualsiasi differenza possa esistere fra loro, hanno in comune un carattere essenziale: esse sono tutte il risultato dell'azione esercitata da una generazione sulla generazione che viene dopo, allo scopo di adattare quest'ultima all'ambiente sociale nel quale è chiamata a vivere. Si tratta dunque di modalità differenti di questa relazione fondamentale. Ne deriva che sono dei fatti d'una stessa specie, che appartengono ad una stessa categoria logica; possono pertanto servire d'oggetto ad una sola ed identica scienza, che sarebbe la scienza dell'educazione.

Non è impossibile indicare fin d'ora, al solo scopo di precisare le idee, qualcuno dei principali problemi che questa scienza dovrebbe trattare.

Le pratiche educative non sono dei fatti isolati gli uni dagli altri; ma, per la stessa società, sono legate in un identico sistema del quale tutte le parti concorrono verso un medesimo scopo: è il sistema di educazione adatto a questo determinato paese ed a questi determinati tempi. Ogni popolo ha il suo, come ha il suo sistema morale, religioso, economico ecc. Ma, da un altro lato, dei popoli della stessa specie, cioè dei popoli che si somigliano per caratteri essenziali della loro costituzione, devono praticare dei sistemi d'educazione comparabili tra loro. Le similitudini che presenta la loro organizzazione generale devono necessariamente provocarne altre della stessa importanza, nella loro organizzazione educativa. Ne deriva che si possono certamente, mediante un confronto, mettendo in luce le somiglianze ed eliminando le differenze, costituire i tipi generici d'educazione che corrispondono alle differenti specie di società. Per esempio, sotto il regime della tribù, l'educazione ha come caratteristica essenziale che essa è diffusa: cioè essa è impartita da tutti i membri del clan indistintamente. Non vi sono dei maestri determinati, né dei sorveglianti speciali preposti alla formazione della gioventù; sono tutti gli anziani, è l'insieme delle generazioni anteriori che ne assume le mansioni. Al massimo, può succedere che per alcuni insegnamenti particolarmente fondamentali, certi anziani siano designati in maniera specifica. In altre società più progredite, questa diffusione finisce, o, perlomeno, si attenua. L'educazione è concentrata nelle mani di funzionari speciali. In India, in Egitto, sono i preti che vengono incaricati di questa funzione. L'educazione è un attributo del potere sacerdotale. Ora, questa prima caratteristica differenziale ne comporta delle altre. Quando la vita religiosa, invece di rimanere completamente diffusa come lo era alle origini, si crea un organismo speciale incaricato di dirigerla e di amministrarla, cioè quando si forma una classe o una casta sacerdotale, quello che vi è di specificatamente speculativo e d'intellettuale nella religione prende uno sviluppo fino allora ignoto. È in questi ambienti sacerdotali che sono apparsi i primi prodromi, le forme prime e rudimentali della scienza: astronomia, matematica, cosmologia. È un fatto che Comte aveva notato da lungo tempo e che si spiega facilmente. È assolutamente naturale che un'organizzazione che ha per effetto di concentrare in un gruppo ristretto tutto quello che esiste in quel momento di vita speculativa, stimoli e sviluppi quest'ultima. Di conseguenza, l'educazione non si limita più, come inizialmente, ad inculcare nel fanciullo delle pratiche, ad addestrarlo a determinate maniere di agire. Vi è allora materia per una certa istruzione. Il prete insegna gli elementi di queste scienze che stanno formandosi. Soltanto, questa istruzione, queste conoscenze speculative non sono più insegnate per loro stesse, ma in ragione dei rapporti che mantengono colle credenze religiose; hanno un carattere sacro, sono tutte piene d'elementi specificatamente religiosi, perché si sono formate nel seno stesso della religione e ne sono inseparabili.

In altri paesi, come tra i popoli greci e latini, l'educazione resta suddivisa secondo una data proporzione, variabile secondo la nazione, tra lo Stato e la famiglia.

Non esiste una casta sacerdotale. È lo Stato che è preposto alla vita religiosa. Ne consegue che, non avendo delle necessità speculative, essendo questo Stato innanzi tutto orientato verso l'azione e la pratica, è al di fuori di lui — e per conseguenza anche al di fuori della religione — che la scienza nasce quando se ne fa sentire il bisogno. I filosofi, i saggi della Grecia, sono dei privati e dei laici. Il « grammateus » di Atene è un semplice cittadino, senza legami ufficiali e senza caratteri religiosi.

È inutile moltiplicare questi esempi, che non hanno che un interesse illustrativo. Sono sufficienti a dimostrare come, facendo il paragone fra società della stessa specie, si potrebbero costituire dei tipi d'educazione, allo stesso modo nel quale si costituiscono dei tipi di famiglia, di Stato o di religione. Questa classifica non esaurirebbe, d'altronde, i problemi scientifici che possono sorgere sul tema dell'educazione. Non fa che fornire gli elementi necessari per risolverne un altro, più importante. Una volta fissati i tipi, si dovrebbero spiegare, cioè occorrerebbe cercare da quali condizioni dipendono le proprietà caratteristiche di ciascuno di essi e come sono derivati gli uni dagli altri. Si otterrebbero così le leggi che dominano l'evoluzione dei sistemi di educazione. Si potrebbe allora scoprire, ed in qual senso, l'educazione si è sviluppata e quali sono le cause che hanno determinato questo sviluppo e che lo spiegano. Questione, evidentemente, completamente teorica, ma la cui soluzione, lo si percepisce senza difficoltà, sarebbe feconda d'applicazioni pratiche.

Ecco già un vasto campo di studi aperto alla speculazione scientifica. Tuttavia si avrebbero altri problemi ancora che potrebbero essere affrontati nello stesso spirito. Tutto quello che abbiamo appena detto, si riferisce al passato; tali ricerche avrebbero il risultato di farci capire in qual maniera si sono costituite le nostre istituzioni pedagogiche. Ma esse possono esser considerate sotto un altro punto di vista. Una volta formate, esse funzionano e si potrebbe cercare « in qual modo » funzionano, cioè quali risultati producono e quali sono le condizioni che fanno variare questi risultati. Per raggiungere un tale scopo, sarebbe necessaria una buona statistica scolastica. In ciascuna scuola vi è una disciplina, un sistema di punizioni e di ricompense. Quanto sarebbe interessante sapere, non soltanto sulla fiducia d'impressioni empiriche, ma mediante metodiche osservazioni, come questo sistema funziona nelle diverse scuole d'una stessa località, nelle differenti regioni, nei diversi momenti dell'anno, nei diversi momenti della giornata; quali sono le mancanze scolastiche più frequenti; come la loro proporzione varia nell'insieme del territorio o secondo i paesi; come questa dipenda dall'età del fanciullo, dalle sue condizioni familiari ecc.! Tutte le domande che si posano a proposito dei delitti degli adulti possono posarsi qui non meno utilmente. Vi è una criminologia infantile come vi è una criminologia dell'uomo fatto. E la disciplina non è la sola istituzione educativa che potrebbe essere studiata in base a questo metodo. Non v'è metodo pedagogico i cui effetti non potrebbero esser misurati allo stesso modo, in base alla supposizione, ben inteso, che lo strumento necessario per un simile studio, cioè una buona statistica, sia stato istituito.

II

Ecco dunque due gruppi di problemi il cui carattere puramente scientifico non può essere contestato. Gli uni sono relativi alla genesi, gli altri al funzionamento dei sistemi d'educazione. In tutte queste ricerche, si tratta semplicemente o di descrivere delle cose presenti o passate, oppure di ricercarne le cause, ovvero di determinarne gli effetti. Esse costituiscono una scienza. Ecco quello che è, o piuttosto, quello che sarebbe la scienza dell'educazione.

Ma, dall'abbozzo stesso che noi abbiamo qui tracciato, risulta con evidenza che le teorie, che sono chiamate pedagogiche, sono delle speculazioni di tutt'altra specie. Infatti, né esse perseguono lo stesso scopo, né esse impiegano gli stessi metodi. Il loro obbiettivo non è di descrivere o di spiegare quello che è o quello che è stato, ma di determinare quello che dovrebbe essere. Non sono orientate né verso il presente né verso il passato, ma verso l'avvenire. Non si propongono di esprimere fedelmente certe realtà, ma di promulgare delle regole di condotta. Non ci dicono: « ecco quello che esiste ed eccone il motivo », ma bensì « ecco quello che si deve fare ». Anzi, i teorici dell'educazione non parlano generalmente dei metodi tradizionali del presente e del passato che con un disprezzo quasi sistematico. Ne segnalano sopratutto le imperfezioni. Quasi tutti i grandi pedagogisti, Rabelais, Montaigne, Rousseau, Pestalozzi sono spiriti rivoluzionari, insorti contro gli usi dei loro contemporanei. Non fanno menzione dei metodi antichi od esistenti che per condannarli, per dichiarare che sono senza fondamento nella natura. Ne fanno più o meno completamente *tabula rasa* e si mettono a costruire al posto qualche cosa d'interamente nuovo.

Se dunque vogliamo capirci, dobbiamo distinguere con cura due specie di speculazioni così diverse. La pedagogia è una cosa differente dalla scienza dell'educazione. Ma allora che cosa è dunque? Per fare una scelta motivata, non ci basta sapere ciò che essa non è; dobbiamo indicare in che cosa consista. Diremo che è un'arte? La conclusione sembra imporsi, perché ordinariamente non si vede un termine intermedio tra questi due estremi e si dà il nome di « arte » a qualsiasi prodotto del raziocinio che non è la scienza. Ma allora si estende il senso della parola « arte » fino al punto di farvi entrare delle cose molto diverse.

·· Infatti, si chiama ugualmente « arte » l'esperienza pratica acquisita dal maestro di scuola nel contatto coi fanciulli e nell'esercizio della sua professione. Ora, questa esperienza è chiaramente cosa molto differente dalle teorie del pedagogista. Un fatto dovuto all'osservazione quotidiana rende sensibilissima questa differenza. Si può essere un perfetto educatore e pur tuttavia essere totalmente inidoneo alle speculazioni della pedagogia. Il maestro abile sa fare il necessario, senza poter sempre dire i motivi che giustificano i procedimenti che impiega; al contrario, il pedagogista può mancare di qualsiasi abilità pratica. Noi non avremmo affidato una classe né a Rousseau, né a Montaigne; persino di Pestalozzi, che pur tuttavia era un uomo del mestiere, si può dire che non doveva possedere che incompletissimamente l'arte dell'educatore, come provano i ripetuti suoi insuccessi. La stessa confusione si riscontra in altri campi. Si chiama arte l'accortezza dell'uomo di Stato, esperto nel maneggio dei pubblici affari. Ma si dice anche che gli scritti di Platone, di Aristotele, di Rousseau sono dei trattati d'arte politica; ed è certo che non vi si possono vedere delle opere veramente scientifiche, poiché esse hanno per oggetto non di studiare la realtà, ma di costruire un ideale. E pur tuttavia vi è un abisso tra i processi spirituali che implica un libro come il *Contratto Sociale* e quelli che presuppone l'amministrazione dello Stato. Rousseau sarebbe stato verosimilmente un altrettanto cattivo ministro che un cattivo educatore. È per questo motivo che i migliori teorici delle cose mediche non sono, e di molto, i migliori clinici.

V'è dunque interesse a non designare con la stessa parola due forme di attività così diverse. Occorre, riteniamo, riservare il nome di « arte » a tutto quello che è pratica pura, senza teoria. È così che tutti intendono dire quando parlano dell'arte militare, dell'arte dell'avvocato, dell'arte del maestro di scuola. Un'arte è un complesso di modi d'agire adattati a degli scopi speciali, che sono il prodotto sia d'una esperienza tradizionale trasmessa dall'educazione, sia dell'esperienza personale dell'individuo. Non si possono acquisire che mettendosi in rapporto con le cose sulle quali si deve esercitare l'azione ed operando personalmente. Senza dubbio può avvenire che l'arte sia illuminata dalla riflessione, ma la riflessione non è un elemento essenziale, perché questa arte può esistere senza di lei. Anzi, non esiste una sola arte dove tutto sia riflessione.

Ma tra l'arte così definita e la scienza propriamente detta, vi è il posto per un'attitudine mentale intermedia. Invece di agire sulle cose o sugli esseri secondo delle modalità determinate, si riflette sui modi di procedere, che sono così impiegati, in vista non di conoscerli e di spiegarli, ma di apprezzare quello che valgono, se sono quello che devono essere, se non sarebbe utile modificarli, ed in qual modo, o persino sostituirli completamente con procedimenti nuovi. Queste riflessioni prendono la forma di teorie; sono delle combinazioni di idee, non delle combinazioni di atti e, per questo motivo, s'avvicinano alla scienza. Ma le idee che sono in tal modo combinate, hanno per oggetto non d'esprimere la natura delle cose date, ma di dirigere l'azione. Non sono dei movimenti, ma sono vicinissime ai movimenti che hanno la funzione d'orientare. Se non si tratta d'azioni, si tratta perlomeno di programmi d'azione e, per tal motivo, si avvicinano all'arte. Di questa natura sono le teorie mediche, politiche, strategiche ecc. Per esprimere il carattere misto di questa specie di speculazione, noi proponiamo di chiamarle « teorie pratiche ». La pedagogia è una teoria pratica di questo genere. Essa non studia scientificamente i sistemi d'educazione, ma vi riflette per fornire all'attività dell'educatore delle idee che la dirigano.

II

Ma la pedagogia così intesa è esposta ad un'obiezione, della quale non possiamo dissimularci la gravità. Senza dubbio, si dice, una teoria pratica è possibile e legittima quando essa può appoggiarsi ad una scienza organizzata ed incontestata della quale non è che l'applicazione. In questo caso, effettivamente, le nozioni teoriche dalle quali si deducono le conseguenze pratiche hanno un valore scientifico che si comunica alle conclusioni che ne derivano. È in questo modo che la chimica applicata è una teoria pratica che non è che la messa in opera delle teorie della chimica pura. Però una teoria pratica non vale che quello che valgono le scienze alle quali essa prende in prestito le sue nozioni fondamentali. Ora, su quali scienze la pedagogia può appoggiarsi? Dovrebbe esistere, per incominciare, una scienza dell'educazione. Perché, per sapere quello che l'educazione deve essere, occorre sapere prima di tutto quale ne è la natura, quali sono le diverse condizioni dalle quali dipende, le leggi secondo le quali essa ha fatto la propria evoluzione nella storia. Ma la scienza dell'educazione non esiste che allo stato di progetto. Restano, da un lato, le altre branche della sociologia che potrebbero aiutare la pedagogia a fissare lo scopo dell'educazione stessa con l'orientamento generale dei metodi; dall'altra la psicologia, il cui insegnamento potrebbe essere utilissimo per la determinazione, nei loro particolari, dei procedimenti pedagogici. Ma la sociologia è una scienza appena nascente; essa non conta che pochi postulati affermati, supponendo che ve ne siano. La stessa psicologia, benché si sia costituita prima delle scienze sociali, è oggetto d'ogni sorta di controversie; non esiste problema psicologico sul quale non si sostengano ancora le tesi le più opposte. Che cosa possono valere, allora, delle conclusioni pratiche che riposano su dati scientifici contemporaneamente così incerti e così incompleti? Che cosa può valere una speculazione pedagogica che manca di qualsiasi base, o della quale le basi, quando non difettano completamente, mancano ad un simil punto di solidità?

Il fatto che si invoca in tal modo, per negare qualsiasi credito alla pedagogia è, in se stesso, incontestabile. È certo che la scienza dell'educazione è interamente da costruire, che la sociologia e la psicologia sono ancora ben poco progredite. Se pertanto ci fosse permesso d'attendere, sarebbe prudente e metodico pazientare fino a quando queste scienze abbiano fatto dei progressi e possano essere utilizzate con maggiore sicurezza. Ma è proprio questo, la pazienza non ci è permessa. Noi non siamo liberi di posarci oppure d'aggiornare il problema: esso ci è posto o, piuttosto, imposto dalle cose stesse, dai fatti, dalla necessità di vivere. La questione non è completa. Noi siamo imbarcati e dobbiamo proseguire. Su molti punti, il nostro sistema tradizionale d'educazione non è più in armonia con le nostre idee e i nostri bisogni. Noi non abbiamo dunque la scelta che tra le soluzioni seguenti: o cercare di conservare ugualmente i metodi che ci ha legato il passato, benché non rispondano più alle esigenze della situazione, o affrontare risolutamente il ristabilimento dell'equilibrio spezzato, cercando quali sono le modifiche necessarie. Di queste due soluzioni, la prima è irrealizzabile e non può arrivare ad una conclusione. Nulla è più vano di questi tentativi di dar una vita artificiale ed un'autorità tutta apparenza ad istituzioni vecchie e screditate. Il fallimento è inevitabile. Non si possono soffocare le idee che queste istituzioni contraddicono; non si possono far tacere le necessità che esse offendono. Le forze contro le quali s'intraprende in tal modo la lotta non possono non avere il sopravvento.

Altro non resta, quindi, che mettersi coraggiosamente all'opera, che cercare i cambiamenti che s'impongono e realizzarli. Ma come scoprirli se non con la riflessione? Sola, la coscienza ponderata può supplire alle lacune della tradizione, quando questa si trova in difetto. Ora, che cosa è la pedagogia se non la riflessione applicata il più metodicamente possibile alle cose dell'educazione, in vista di regolarne lo sviluppo? Senza dubbio noi non abbiamo in mano tutti gli elementi che sarebbero desiderabili per risolvere il problema; ma non è questo un motivo per non cercar di risolverlo, poiché si deve risolvere. Non abbiamo perciò altro da fare per il meglio che riunire il maggior numero di fatti istruttivi che ci è possibile, che interpretarli con la maggiore metodicità che è nei nostri mezzi, allo scopo di ridurre al minimo le probabilità di errori. Questo è il ruolo del pedagogista. Nulla è più vano e più sterile di quel puritanesimo scientifico che, col pretesto che la scienza non è ancora arrivata alla sua perfetta definizione, consiglia l'astensione e raccomanda agli uomini d'assistere come testimoni indifferenti, o perlomeno rassegnati, alla marcia degli avvenimenti.

A fianco del sofisma dell'ignoranza vi è il sofisma della scienza che è non meno pericoloso. Senza dubbio, agendo in queste condizioni si corrono dei rischi. D'altra parte, l'azione non va mai senza rischi: la scienza, per quanto avanzata possa essere, non saprebbe eliminarli. Quello che soltanto può esserci richiesto è di mettere in opera tutto ciò che noi abbiamo di scienza, per quanto imperfetta essa sia, e tutto ciò che noi abbiamo di coscienza, allo scopo di prevenire questi rischi per quanto sta in nostro potere. Ed è precisamente in quello che consiste il ruolo della pedagogia.

Ma la pedagogia non sarà soltanto utile in questi periodi critici nei quali occorre, con tutta urgenza, rimettere un sistema scolastico in armonia coi bisogni del tempo; oggi, perlomeno, essa è diventata un ausiliario costantemente indispensabile dell'educazione. Gli è che, effettivamente, se l'arte dell'educatore è fatta, innanzi tutto, d'istinti e di abitudini diventate pressoché istintive, è tuttavia necessario che l'intelligenza non se ne allontani. La riflessione non saprebbe sostituirla, ma non potrebbe esser esclusa, almeno a partire dal momento nel quale i popoli hanno raggiunto un certo grado di civiltà. Infatti, una volta che la personalità individuale è diventata un elemento essenziale della cultura intellettuale e morale dell'umanità, l'educatore deve tener conto del germe d'individualità che è presente in ogni bambino. Deve, con tutti i mezzi possibili, cercar di favorirne lo sviluppo. Invece di applicare a tutti, in modo invariabile, la stessa regolamentazione impersonale ed uniforme, dovrà variare, diversificarne i metodi secondo i temperamenti e la forma di ciascuna intelligenza. Per poter adattare con discernimento le pratiche educative alla varietà dei casi particolari, è necessario sapere a che cosa mirano i differenti procedimenti che le costituiscono, quali ne sono le ragioni, quali gli effetti che producono nelle varie circostanze; occorre, in una parola, averle sottoposte alla riflessione pedagogica. Un'educazione empirica, meccanica, non può mancare dall'essere compressiva e livellatrice. D'altra parte, a misura che si avanza nella storia, l'evoluzione sociale diventa più rapida; un'epoca non somiglia a quella che la precede. Ogni periodo ha la sua fisonomia. Dei bisogni nuovi e delle nuove idee sorgono continuamente; per poter adeguarsi ai cambiamenti incessanti che sopravvengono in tal modo nelle opinioni e nei costumi, è necessario che l'educazione stessa cambi e, di conseguenza, rimanga in uno stato di malleabilità che permetta i cambiamenti.

Ora, il solo mezzo d'impedirle di cadere sotto il giogo dell'abitudine e di degenerare in automatismi meccanici ed immutabili, è di tenerla continuamente in esercizio mediante la riflessione. Quando l'educatore si rende conto dei metodi che impiega, del loro scopo e della loro ragion d'essere, è in condizioni di giudicarli e quindi è pronto a modificarli se arriva a convincersi che lo scopo da perseguire non è più il medesimo o che i mezzi da impiegare devono essere differenti. La riflessione è, per eccellenza, la forza antagonista della « routine » e la « routine » è l'ostacolo ai progressi necessari.

È per questo motivo che, se è vero — come dicemmo all'inizio — che la pedagogia non compare nella storia che in maniera intermittente, bisogna però aggiungere che essa tende di più in più a diventare una funzione continua della vita sociale. Il Medio Evo non ne aveva bisogno. Era un'epoca di conformismo nella quale tutti pensavano e sentivano allo stesso modo.

nella quale tutti gli spiriti erano come fusi nella stessa matrice, nella quale le dissidenze individuali erano rare e, d'altra parte, proscritte. Anche l'educazione era impersonale; il maestro, nella scuola medioevale, s'indirizzava a tutti i suoi alunni collettivamente, senza che egli avesse l'idea di adattare la sua azione alla natura di ciascuno. Nello stesso tempo, l'immutabilità delle credenze fondamentali si opponeva all'evoluzione rapida del sistema educativo. Per queste due ragioni, egli aveva meno bisogno d'esser guidato dal pensiero pedagogico. Viceversa, nel Rinascimento tutto cambia. Le personalità individuali si distaccano dalla massa sociale nella quale esse erano, fino a quel momento, assorbite e confuse; gli spiriti si diversificano; nello stesso tempo, lo sviluppo storico si accelera, una nuova civiltà si costituisce. Per rispondere a tutti questi cambiamenti, la riflessione pedagogica si sveglia e, benché non abbia sempre brillato con lo stesso splendore, pur tuttavia non doveva più smorzarsi completamente.

IV

Ma, affinché la riflessione pedagogica possa produrre gli effetti utili che si è in diritto d'attendere da lei, occorre che essa sia assoggettata ad una cultura appropriata.

1) Abbiamo visto che la pedagogia non è l'educazione e non potrebbe farne le veci. Il suo mandato non è di sostituirsi alla pratica, ma di guidarla, d'illuminarla, di aiutarla, se occorre, a colmare le lacune che si vengono a produrre, a rimediare alle insufficienze che vi si sono constatate. Il pedagogista non ha, dunque, da costruire totalmente un sistema d'insegnamento, come

se non ne fossero esistiti prima di lui; occorre invece che egli si dedichi, innanzi tutto, a conoscere e a
comprendere il sistema del suo tempo; è sotto questa
condizione che egli sarà in misura di servirsene con
discernimento e di giudicare quello che vi può essere
di difettoso.

Per poterlo comprendere, non basta considerarlo
tal quale è al giorno d'oggi, perché questo sistema di
educazione è un prodotto della storia che soltanto la
storia può spiegare. È una vera istituzione sociale. Anzi, non ve ne sono molte, dove tutta la storia del paese
venga così integralmente ad avere una ripercussione.
Le scuole francesi traducono, esprimono lo 'spirito francese. Non si può dunque capir nulla di quello che sono, lo scopo che perseguono, se non si conosce quello
che costituisce il nostro spirito nazionale, quali ne sono
i diversi elementi, quali sono quelli che dipendono da
cause permanenti e profonde; quelli, invece, che sono
dovuti all'azione di fattori più o meno accidentali e
passeggeri; tutte questioni che, soltanto con l'analisi
storica possono ricevere una soluzione. Si discute spesso per sapere il posto che spetta alla scuola primaria
nell'insieme della nostra organizzazione scolastica e nella vita generale della società. Ma il problema è insolu-
bile se ignoriamo come si è formata la nostra organizzazione scolastica; di dove vengono i suoi caratteri di-
stintivi; quello che ha determinato, nel passato, il posto che è stato fatto alla scuola elementare; quali sono
le cause che ne hanno favorito o inceppato lo sviluppo.

Perciò la storia dell'insegnamento, perlomeno dell'insegnamento nazionale, è la prima delle propedeutiche ad
una cultura pedagogica. Naturalmente, se si tratta di pedagogia primaria, è la storia dell'insegnamento primario
che si deve cercare, di preferenza, d'arrivare a conoscere. Però, per la ragione che noi abbiamo appena indicato,

questo non potrebbe esser isolato totalmente dal sistema
scolastico più vasto, del quale non è che una parte.

2) Ma questo sistema scolastico non è fatto unicamente di pratiche prefissate, di metodi consacrati dal-
l'uso, eredità del passato. Vi si trovano, in più, delle
tendenze verso l'avvenire, delle aspirazioni verso un
ideale nuovo, più o meno chiaramente intravisto. Queste aspirazioni devono essere ben conosciute, per poter
giudicare quale posto conviene loro assegnare nella realtà scolastica. Ora, esse vengono ad esprimersi nelle dottrine pedagogiche; la storia di queste dottrine deve
dunque completare quella dell'insegnamento. Si potrebbe credere, è vero, che, per assolvere utilmente il suo
compito, questa storia non abbia bisogno di rimontare
molto lontano nel passato e possa, senza inconvenienti,
essere assai sommaria. Non è sufficiente conoscere le
teorie tra le quali sono divisi gli spiriti contemporanei?
Tutte le altre, quelle dei secoli anteriori, sono oggi sor-
passate e non hanno più, sembra, che un interesse di
erudizione. Ma questo modernismo non può, riteniamo,
che disseccare una delle principali sorgenti alle quali
si deve alimentare la riflessione pedagogica. Infatti, le
dottrine le più recenti non sono nate ieri. Esse sono
la continuazione di quelle che le hanno precedute, senza le quali, pertanto, non possono essere capite. E così, a grado a grado, per scoprire le cause determinanti
d'una corrente pedagogica di qualche importanza, occorre generalmente ritornare indietro assai lontano nel
tempo. È, anzi, a questa condizione che si avrà qualche
certezza che le vedute nuove, che appassionano gli spiriti maggiormente, non siano delle brillanti improvvisa-
zioni, destinate a sprofondare rapidamente nell'oblio.

Per esempio, per poter comprendere la tendenza
attuale all'insegnamento mediante le cose, a quello che

si può chiamare il « realismo pedagogico », occorre non limitarsi a vedere come si esprima presso questo o quel contemporaneo; dobbiamo rimontare fino al momento al quale è nato, cioè alla metà del XVIII secolo in Francia e verso la fine del XVII in certi paesi protestanti. Solo perché si troverà in tal modo collegata alle sue origini prime, la pedagogia realista si presenterà sotto un tutt'altro aspetto. Ci si renderà meglio conto del fatto che essa deriva da cause profonde, impersonali, che agiscono presso tutti i popoli d'Europa. E, nello stesso tempo, ci si troverà nelle migliori condizioni per scoprire quali sono queste cause e, di conseguenza, per giudicare la vera portata di tale movimento.

Da un altro lato, questa corrente pedagogica si è costituita in opposizione ad una corrente contraria, quella dell'insegnamento umanistico e nozionistico. Non si potrà dunque apprezzare in maniera esatta il primo che a condizione di conoscere il secondo, ed eccoci costretti a risalire ancora ben più lontano nella storia. Questa storia della pedagogia, per dare tutti i suoi frutti, non deve, quest'è certo, essere separata dalla storia dell'insegnamento. Benché noi le abbiamo separate nell'esposizione, esse sono, in realtà, solidali l'una all'altra. Perché, ad ogni momento, le dottrine dipendono dallo stato dell'insegnamento, del quale sono il riflesso anche quando reagiscono contro di lui e, d'altra parte, nella misura che esercitano un'azione efficace, esse contribuiscono a determinarlo.

La cultura pedagogica deve dunque avere una base largamente storica. È a questa condizione che la pedagogia potrà sfuggire ad una critica che le è stata sovente rivolta e che ha fortemente nuociuto al suo credito. Troppi pedagogisti — e fra i più illustri — hanno intrapreso d'edificare i loro sistemi facendo astrazione da quello che era esistito prima di loro. Il trattamento al quale Ponocrates sottomette Gargantua prima d'iniziarlo ai metodi nuovi è, su questo punto, significativo. Gli purga il cervello « con l'elleboro d'Anticira » in modo di fargli dimenticare « tutto quello che aveva appreso sotto i suoi antichi precettori ». Cioè, in forma allegorica, si voleva dire che la pedagogia nuova nulla doveva avere di comune con quella che l'aveva preceduta. Ma questo significava contemporaneamente collocarsi al di fuori delle condizioni della realtà. L'avvenire non può esser evocato dal nulla: noi non possiamo costruirlo che con i materiali che ci ha legato il passato. Un ideale che si costruisce prendendo l'opposto dello stato di cose esistente non è realizzabile, perché non ha radici nella realtà. D'altronde è chiaro che il passato aveva la sua ragion d'essere; non avrebbe potuto durare se non avesse risposto a dei bisogni legittimi che non possono sparire dall'oggi all'indomani; non si può quindi farne così radicalmente *tabula rasa* senza disconoscere delle necessità vitali. Ecco perché è avvenuto che troppe volte la pedagogia altro non è stata che una forma di letteratura utopica. Noi compiangeremmo i fanciulli ai quali venisse applicato rigorosamente il metodo di Rousseau o quello di Pestalozzi. Senza dubbio tali utopie possono aver avuto una influenza utile nella storia. Il loro semplicismo stesso ha permesso loro di colpire più vivamente gli spiriti e stimolarli all'azione. Ma, innanzi tutto, questi vantaggi non sono senza inconvenienti; di più, per questa pedagogia di tutti i giorni, della quale ogni maestro ha bisogno allo scopo d'illuminare e guidare la sua esperienza quotidiana, occorre meno slancio passionale ed unilaterale, ed invece più metodo, un sentimento più presente della realtà e delle difficoltà multiple alle quali è necessario far fronte. È questo sentimento che darà la cultura storica ben intesa.

3) Soltanto la storia dell'insegnamento e della pedagogia permette di determinare i fini che deve perseguire l'educatore ad ogni istante del suo tempo. Ma per quello che si riferisce ai mezzi necessari per la realizzazione di questi fini, è alla psicologia che ci si deve rivolgere. Infatti, l'ideale pedagogico d'un'epoca esprime innanzi tutto lo stato della società all'epoca considerata. Affinché questo ideale diventi una realtà, occorre conformarvi la coscienza del fanciullo. Ora, la coscienza ha le sue leggi proprie che devono essere conosciute, per poter modificarle se, almeno, si vuol evitare a se stessi, nei limiti del possibile, di brancolare nel buio dell'empirismo, che la pedagogia ha appunto per oggetto di ridurre al minimo. Per poter spingere l'attività a svilupparsi in una data direzione, è necessario anche sapere quali sono le forze che la muovono e quale è la loro natura. Perché è a questa condizione che diventerà possibile applicarvi, con la necessaria conoscenza, l'azione che è conveniente.

Si tratta, per esempio, di risvegliare l'amore della patria od il senso dell'umanità? Noi sapremo tanto meglio piegare la sensibilità morale degli alunni in un senso o nell'altro, quanto più noi possederemo delle nozioni complete e precise sull'insieme dei fenomeni che si chiamano tendenze, abitudini, desideri, emozioni ecc.; sulle diverse condizioni dalle quali dipendono; sulle forme che presentano nel fanciullo. A seconda che si vedrà nelle tendenze un prodotto delle esperienze gradevoli o sgradevoli che ha potuto fare la specie, oppure, al contrario, un fatto primitivo anteriore agli stati affettivi che ne accompagnano il funzionamento, si dovrà affrontare il problema in maniera differentissima per regolarne il funzionamento. Ora, è alla psicologia e specificatamente alla psicologia infantile che compete la soluzione di questi problemi. Se dunque essa è incompetente per fissare il fine — poiché il fine varia secondo gli stati sociali — non è dubbio che essa ha un mandato utile da svolgere nella costituzione dei metodi. Anzi, siccome nessun metodo può applicarsi nello stesso modo ai diversi fanciulli, è ancora la psicologia che dovrebbe aiutarci a raccapezzarci tra le varietà d'intelligenze e di caratteri. Disgraziatamente non si ignora che siamo ancora lontani dal momento nel quale sarà veramente in condizioni di soddisfare questo *desideratum*.

V'è una forma speciale della psicologia che ha per il pedagogo una importanza tutta particolare: è la psicologia collettiva. Una classe è una piccola società e non si può condurre come se essa non fosse altro che una piccola agglomerazione di soggetti indipendenti gli uni dagli altri. I fanciulli, in classe, pensano, sentono ed agiscono in modo diverso di quando sono isolati. Si producono, nella classe, dei fenomeni di contagio, di demoralizzazione collettiva, di mutua sovreccitazione, d'effervescenza salutare che occorre saper valutare per prevenire o combattere in determinati casi ed utilizzare in altri. Certamente, questa scienza è ancora totalmente nell'infanzia. Abbiamo però, fin d'ora, un certo numero di postulati che è importante non ignorare.

Queste sono le principali discipline che possono risvegliare e coltivare la riflessione pedagogica. Invece di cercare di promulgare, per la pedagogia, un codice astratto di regole metodologiche — impresa che, in un sistema speculativo così composito e così complesso, non è facilmente realizzabile in maniera soddisfacente — ci è sembrato preferibile indicare in che maniera riteniamo che il pedagogo dovrebbe essere formato. Una certa attitudine dello spirito di fronte ai problemi che deve trattare si trova, per questo motivo, determinata.

3. PEDAGOGIA E SOCIOLOGIA

Signori, è per me un grandissimo onore, del quale sento vivamente tutto il valore, d'aver a sostituire su questa cattedra l'uomo di alto senno e di ferma volontà al quale la Francia deve, in così larga misura, il rinnovamento del suo insegnamento primario. In contatto intimo con i maestri delle nostre scuole da quindici anni, da quando professo pedagogia all'Università di Bordeaux, ho potuto osservare da vicino l'opera alla quale il nome di Mr. Buisson resterà definitivamente unita e ne conosco, di conseguenza, tutta la grandezza. Sopratutto, quando ci si riferisce col pensiero allo stato nel quale si trovava questo insegnamento primario al momento nel quale la riforma ne fu iniziata, è impossibile non ammirare l'importanza dei risultati ottenuti e la rapidità dei progressi compiuti. Le scuole moltiplicate e materialmente trasformate, metodi razionali sostituiti al vecchio andazzo d'una volta, un vero slancio dato alla riflessione pedagogica, uno stimolo generale per tutte le iniziative, tutto questo costituisce certamente una delle più grandi e più felici rivoluzioni che si siano prodotte nella storia della nostra educazione nazionale. Fu dunque per la scienza una vera grande fortuna quando Mr. Buisson, giudicando il suo compito terminato, rinunciò alle sue impegnative funzioni per comunicare al pubblico, mediante l'insegnamento, i risultati della sua incomparabile esperienza. Una pratica così vasta delle cose, illuminata, d'altronde, da pro-

fonda filosofia, contemporaneamente prudente e curiö-
sa di tutte le novità, doveva necessariamente dare alla
sua parola un'autorità che veniva a rialzare ancor di
più il prestigio morale legato alla sua persona ed al
ricordo dei servigi resi a tutte le grandi cause alle quali
Mr. Buisson ha consacrato la propria vita.

Io non vi porto nulla che assomigli ad una compe-
tenza così specifica. Perciò dovrei sentirmi sbigottito
in maniera particolare di fronte alle difficoltà del mio
compito, se non mi rassicurasse alquanto il pensiero
che dei problemi tanto complessi possono essere utilmente studiati da mentalità e da punti di vista differenti. Sociologo quale io sono, sarà sopratutto come sociologo che vi parlerò di educazione. D'altra parte, ben
lungi dal ritenere che, procedendo in tal modo, si cor-
ra il rischio di vedere e far vedere le cose con una di-
storsione che le deforma, io sono invece persuaso che
non v'è metodo più adatto a mettere in evidenza la
loro vera natura. Io considero infatti, come il postulato stesso di qualsiasi speculazione pedagogica, che l'educazione è una cosa eminentemente sociale, tanto per
le sue origini quanto per le sue funzioni, e che, di conseguenza, la pedagogia dipende dalla sociologia più
strettamente di qualsiasi altra scienza.

E poiché questa idea è chiamata a dominare su tutto il mio insegnamento come essa dominava già tutto
l'insegnamento similare che io impartivo precedente-
mente in altra Università, mi è sembrato conveniente
dedicare questo nostro primo incontro a chiarirla ed
a precisarla, acciocché voi possiate meglio seguirne le
applicazioni ulteriori. Non è questione di farne una
dimostrazione specifica nel corso d'una sola ed unica
lezione. Un principio così generale e del quale le ri-
percussioni sono così estese, non può essere verifica-
to che progressivamente, a misura che si avanza nel

particolare dei fatti e si vede come si applica. Ma quello che è possibile fin d'ora è darvene un cenno d'insieme ed indicarvi i principali motivi che devono farlo accettare, dall'inizio della ricerca, a titolo di premessa provvisoria e con la riserva di necessarie verifiche; è, infine fissarne la portata, oltreche i limiti e sarà questo l'oggetto della mia prima lezione.

I

È tanto più necessario far immediatamente appello alla vostra attenzione sul seguente assioma fondamentale, che è generalmente misconosciuto. Fino a questi ultimi anni — ed ancora si possono contare delle eccezioni ([1]) — i pedagogisti moderni erano pressoché unanimemente d'accordo nel vedere nell'educazione una cosa eminentemente individuale e per fare quindi della pedagogia un corollario immediato e diretto della sola psicologia. Per Kant, come per Mill, per Herbart come per Spencer, l'educazione avrebbe sopratutto per oggetto di realizzare in ogni individuo gli attributi costitutivi della specie umana, portandoli al loro più elevato grado di perfezione possibile. Si stabiliva come una verità evidente che esiste un'educazione ed una sola, la quale, escludendone ogni altra, si adatta indifferentemente a tutti gli uomini, qualunque siano le condizioni storiche e sociali dalle quali essi dipendono ed è questo ideale astratto ed unico che i teorici dell'educazione si proponevano di determinare. Si ammetteva

([1]) L'idea venne già espressa dal Lange, in una prolusione d'un corso, pubblicata nelle « Monatshefte der Comeniusgesellschaft », Bd III, pag. 107. Venne anche emessa da Lorenz von Stein nella sua *Verwaltungslehre*, Bd V. - Alla stessa tendenza si accostano Willman, *Didaktik als Bildungslehre* 2 vol., 1894; Natorp, *Social-paedagogik*, 1899; Bergemann, *Soziale Paedagogik*, 1900. Segnaleremo ugualmente G. Edgard Vincent, *The social mind and education;* Elslander, *L'éducation du point de vue sociologique*, 1899.

che esiste « una » natura umana, della quale le forme
e le proprietà sono determinabili una volta per tutte
e che il problema pedagogico consisteva nel cercare in
qual maniera l'azione educativa doveva esercitarsi su
questa natura umana così definita. Senza dubbio nessuno ha mai pensato che l'uomo sia, di colpo, appena
entra nella vita, tutto quello che può e deve essere.
È troppo chiaro che l'essere umano non si costituisce che progressivamente, nel corso d'un lento sviluppo che ha inizio alla nascita per non terminare che alla
maturità. Ma si supponeva che questo divenire non facesse che rendere attuali delle virtualità, che metter a
giorno delle energie latenti che esistevano, totalmente
preformate, nell'organismo fisico e mentale del fanciullo. L'educatore non avrebbe avuto dunque nulla
d'essenziale da aggiungere all'opera della natura. Non
avrebbe creato nulla di nuovo. Il suo compito si sarebbe limitato ad impedire che queste virtualità esistenti
si atrofizzassero per l'inazione, o deviassero dalla loro
direzione normale o si sviluppassero con eccessiva len-
tezza. Quindi le condizioni di tempo e di luogo, lo stato
nel quale si trovava l'ambiente sociale, perdevano tutto
il loro interesse per la pedagogia.

Poiché l'uomo portava in se stesso tutti i germi del
proprio sviluppo, era lui e lui solo che si doveva osservare quando s'intraprendeva la determinazione del
senso e della maniera nei quali questo sviluppo doveva essere diretto. Ciò che importava era di sapere quali erano le sue facoltà native e quale ne era la loro
natura. Ora, la scienza, che ha per oggetto di descrivere e di spiegare la personalità dell'uomo, è la psicologia. Sembrava dunque che la psiche dovesse bastare
a tutte le necessità della pedagogia.

Disgraziatamente, questa concezione dell'educazione era in contraddizione formale con tutto quello che

ci insegna la storia: infatti non v'è popolo presso il quale sia stata messa in pratica. Innanzi tutto, siamo ben lontani dall'avere un'educazione universalmente valevole per tutto il genere umano; non vi è, per così dire, società nella quale dei sistemi pedagogici diversi non coesistano e non funzionino parallelamente. La società è formata di caste? L'educazione varia da una casta all'altra: quella dei patrizi non era quella dei plebei; quella dei Bramini non era quella dei Çudra. Ugualmente, al Medio Evo, quale differenza fra la cultura che riceveva il giovane paggio, istruito in tutte le arti della cavalleria, e quella che riceveva il villano, che andava ad imparare alla scuola della sua parrocchia qualche magro elemento di calcolo, di canto e di grammatica! Ancor oggi, non vediamo noi l'educazione variare secondo la classe sociale o persino secondo « l'habitat »? Quella di città non è quella della campagna, quella dei borghesi non è quella dell'operaio. Si dirà che questa organizzazione non è moralmente giustificabile, che non vi si può vedere che una sopravvivenza destinata a sparire? La tesi è facile a difendersi. È evidente che l'educazione dei nostri figli non dovrebbe dipendere dal caso che li fa nascere qui piuttosto che là, da questo genere di genitori e non da quegli altri.

Però, anche se la coscienza morale del nostro tempo avesse ricevuto la soddisfazione che attende su questo punto, l'educazione non sarebbe diventata per questo più uniforme. Mentre la carriera di ciascun fanciullo non sarebbe più predeterminata, almeno in gran parte, da una cieca eredità, la diversità morale delle professioni non eviterebbe di esigere una grande diversità pedagogica. Infatti, ogni professione costituisce un ambiente sui generis, che richiede delle attitudini particolari e delle conoscenze speciali, nella quale regnano certe idee, certi usi, certe maniere di vedere le cose. E siccome il fanciullo deve esser preparato in vista della funzione che sarà chiamato a svolgere, l'educazione, a partire da una certa età, non può più rimanere la stessa per tutti i soggetti ai quali viene impartita. È per questo motivo che noi constatiamo che in tutti i paesi civilizzati tende sempre maggiormente a diversificarsi ed a specializzarsi. E questa specializzazione diventa ogni giorno più precoce. L'eterogeneità che si crea così, non riposa, come quella della quale constatavamo poco fa l'esistenza, su ingiuste disuguaglianze; ma non è minore. Per trovare un'educazione assolutamente omogenea ed ugualitaria, occorrerebbe risalire fino alle società preistoriche, in seno alle quali non esisteva alcuna differenziazione, ed ancora questo tipo di società non rappresentava che un momento logico nella storia dell'umanità.

È evidente che queste educazioni speciali non sono affatto organizzate in vista d'un fine individuale. Senza dubbio capita talvolta che esse producano l'effetto di sviluppare nell'individuo attitudini particolari che erano in lui immanenti e che non richiedevano che di entrare in azione. In questo senso, si può dire che esse l'aiutano a realizzare la propria natura. Ma noi sappiamo quanto queste vocazioni strettamente definite sono eccezionali. Nella generalità dei casi noi non abbiamo una predestinazione, per il nostro temperamento intellettuale o morale, ad una funzione ben determinata. L'uomo medio è eminentemente plastico: può essere ugualmente utilizzato in impieghi svariatissimi. Se pertanto si specializza e se si specializza sotto una data forma piuttosto che sotto un'altra, non è per dei motivi che gli siano interiori, non vi è spinto dalle necessità della sua natura. Ma è la società che, per potersi conservare, ha bisogno che il lavoro si suddivida fra i suoi membri e si suddivida fra questi in una data maniera piuttosto che in un'altra. È per questo motivo che essa prepara a se stessa, con le proprie mani, mediante l'educazione, i lavoratori specializzati dei quali ha bisogno. E' dunque per lei e per suo mezzo che l'educazione è diversificata in simile maniera.

Ma v'ha di più. Invece d'avvicinarci necessariamente alla perfezione umana, questa cultura specializzata non va senza un decadimento parziale e questo proprio mentre essa si trova in armonia con le predisposizioni naturali dell'individuo. Perché noi non possiamo sviluppare con la necessaria intensità le facoltà che richiede specificatamente la nostra funzione, senza lasciar le altre intorpidirsi nell'inazione, senza abdicare, di conseguenza, a tutta una parte della nostra natura. Per esempio, l'uomo, come individuo, non è meno fatto per agire che per pensare. Anzi, poiché egli è innanzi tutto un essere vivente e la vita è l'azione, le facoltà attive gli sono forse più essenziali che le altre. Viceversa, a partire dal momento nel quale la vita intellettuale delle società ha raggiunto un certo grado di sviluppo, vi sono, e vi devono necessariamente essere, degli uomini che le si consacrano esclusivamente, che non fanno che pensare. Ora, il pensiero non può svilupparsi che distaccandosi dal movimento, che ripiegandosi su se stesso, che sviando dall'azione il soggetto che gli si dedica. Così si formano quelle nature incomplete nelle quali tutte le energie dell'attività si sono, per così dire, trasformate in riflessione e che, pur tuttavia, per quanto manchevoli siano da certi lati, costituiscono gli agenti indispensabili del progresso scientifico. Mai l'analisi astratta della costituzione umana avrebbe permesso di prevedere che l'uomo fosse suscettibile di alterare in tal modo quello che è ritenuto essere la sua essenza, né che un'educazione fosse necessaria per la preparazione di queste utili alterazioni.

Però, qualunque sia l'importanza di simili educazioni speciali, non si potrebbe contestare che esse non costituiscono tutta l'educazione. Anzi, si può dire che esse non bastano a se stesse. Ovunque s'incontrano, esse non divergono le une dalle altre che a partire da un certo punto, al di qua del quale si confondono. Tutte riposano su una base comune. Infatti non v'è popolo presso il quale non esista un certo numero di idee, di sentimenti e di pratiche che l'educazione deve inculcare a tutti i fanciulli indistintamente, qualunque sia la categoria sociale alla quale appartengono. È anzi questa educazione comune che è considerata generalmente come la vera educazione. Essa sola pare pienamente meritare questo nome. Le si accorda una specie di preminenza su tutte le altre. È dunque di essa sopratutto che è necessario sapere se, come viene preteso, è compresa totalmente nella nozione dell'uomo e se ne può essere dedotta.

A dire il vero, la domanda non si pone nemmeno per tutto quello che riguarda i sistemi d'educazione che ci fa conoscere la storia. Essi sono così evidentemente legati a dei sistemi sociali determinati, che ne sono inseparabili. Se, malgrado le differenze che separavano il patriziato dalla plebe, vi era pur tuttavia a Roma una educazione comune per tutti i Romani, questa educazione aveva come caratteristica di essere essenzialmente romana. Essa implicava tutta l'organizzazione della « cité » nello stesso tempo che ne era la base. E quello che noi diciamo di Roma si potrebbe ripetere per tutte le società storiche. Ogni tipo di popolo ha la sua educazione che gli è propria e che può servire a definirlo allo stesso titolo della sua organizzazione morale, politica e religiosa. È uno degli elementi della sua fisionomia. Ecco perché l'educazione ha così prodigiosamente mutato secondo i tempi ed i paesi. Perché qui abitua l'individuo ad abdicare completamente alla sua personalità fra le mani dello stato, mentre altrove si sforza a farne un essere autonomo, legislatore della propria condotta; perché era ascetica al Medio Evo, liberale al Rinascimento, letteraria al XVII secolo, scientifica ai nostri giorni. Non è che, in seguito ad una serie di aberrazioni, gli uomini si siano sbagliati sulla loro natura di uomini e sui loro bisogni, ma perché i **loro bisogni sono cambiati, e sono cambiati perché** le condizioni sociali dalle quali dipendono i bisogni umani non sono rimaste le stesse.

Per una contraddizione incosciente ci si rifiuta di ammettere per il presente ed ancor più per il futuro quello che viene accordato facilmente al passato. Tutti riconoscono senza difficoltà che a Roma, in Grecia, l'educazione aveva per solo oggetto di fare dei Greci e dei Romani. Di conseguenza si trovava solidale con tutto un insieme di istituzioni politiche, morali, economiche e religiose. Noi invece amiamo credere che la nostra educazione moderna sfugga alla legge comune; che, fin d'ora, essa sia meno direttamente dipendente dalle contingenze sociali e che essa sia chiamata a liberarsene totalmente nel futuro. Non ripetiamo noi continuamente che vogliamo fare dei nostri figli degli uomini prima ancora di farne dei cittadini, e non sembra che la nostra qualità di uomini sia naturalmente sottratta alle influenze collettive poiché è anteriore a loro, logicamente?

Tuttavia non sarebbe una specie di miracolo che l'educazione, dopo aver avuto per secoli e in tutte le società conosciute i caratteri d'una istituzione sociale, abbia potuto cambiare così completamente di natura? Una simile trasformazione sembrerà più sorprendente ancora se si pensa che il momento nel quale sarebbe avvenuta si trova essere precisamente quello in cui l'educazione ha incominciato a diventare un vero servizio pubblico: perché è dopo la fine del secolo passato che la si vede non solo in Francia ma in tutta l'Europa, tendere a piazzarsi sempre maggiormente sotto il controllo e la direzione dello Stato. Senza dubbio i fini che persegue si differenziano tutti i giorni maggiormente dalle condizioni locali od etniche, che in altri tempi le particolarizzavano. Esse diventano più generali e più astratte. Ma non rimangono meno essenzialmente collettive. Non è infatti la collettività che ce lo impone? Non è lei che ci comanda di sviluppare innanzi tutto nei nostri figli le qualità che sono loro comuni con tutti gli altri uomini? E v'ha di più. Non soltanto essa esercita sopra di noi, per mezzo dell'opinione, una pressione morale affinché intendiamo così i nostri doveri di educatori, ma essa vi dà una tale importanza, che, come ho appena ricordato, si incarica essa stessa del compito. È facile prevedere che, se vi dà tanto peso, è perché vi si sente interessata. Ed effettivamente solo una cultura umana può dare alla società moderna i cittadini dei quali ha bisogno. Poiché ciascuno dei grandi popoli europei occupa un'immensa zona; poiché viene reclutato fra le razze più differenti; poiché il lavoro vi è suddiviso all'infinito, gli individui che lo compongono sono talmente diversi gli uni dagli altri che non vi è quasi più nulla di comune fra loro, salvo la loro qualità di uomini in generale. Non possono dunque conservare l'omogeneità indispensabile a qualsiasi « consensus » sociale che a condizione d'essere il più simile possibile dal solo lato dal quale tutti si somigliano, cioè perché sono degli esseri umani. In altre parole, nelle società così differenziate, non vi può essere un altro tipo collettivo che il tipo generico dell'uomo.

Se per avventura questo tipo perdesse qualche cosa della sua generalità, o si lasciasse intaccare da qualche ritorno dell'antico particolarismo, si vedrebbero questi grandi stati spezzettarsi in una moltitudine di piccoli gruppi parcellari e decomporsi. Così il nostro ideale pedagogico si spiega con la nostra struttura sociale, tal quale come quello dei Greci e dei Romani non si poteva comprendere altrimenti che mediante l'organizzaione nazionale. Se la nostra educazione moderna non è più strettamente nazionale, è nella costituzione delle nazioni moderne che si deve cercarne il motivo.

E non è tutto. Non soltanto è la società che ha elevato il tipo umano alla dignità di modello che l'educatore deve forzarsi a riprodurre, ma è ancora essa che lo costruisce e lo costruisce secondo le proprie necessità. Perché è un errore pensare che esso sia interamente dato nella costituzione naturale dell'uomo, che non vi sia che da scoprirlo mediante un'osservazione metodica, salvo ad abbellirlo successivamente mediante l'immaginazione portando col pensiero al loro più alto sviluppo tutti i germi che si trovano in lui. L'uomo che l'educazione deve realizzare in noi, non è l'uomo tal quale la natura l'ha fatto, ma quale la società vuole che sia; e lo vuole secondo la richiesta della sua economia interna. Quello che lo prova è la maniera con la quale ha variato secondo le società il nostro concetto dell'uomo. Perché gli antichi, anche loro, credevano di fare dei loro figli degli uomini, tal quale come noi. Se essi rifiutavano di vedere un loro simile nello straniero, è precisamente perché ai loro occhi l'educazione dello Stato soltanto poteva fare degli esseri veramente e propriamente umani. Soltanto, essi concepivano l'umanità alla loro maniera, che non è la nostra. Ogni cambiamento un po' importante nell'organizzazione di una società ha, per contraccolpo, un cambiamento di uguale importanza nell'idea che l'uomo si fa di se stesso. Se, sotto la pressione della concorrenza aumentata, il lavoro

sociale si suddivide maggiormente, se la specializzazione
di ciascun lavoratore diventa più marcata e più precisa,
la cerchia delle cose che comprende l'educazione comune deve necessariamente restringersi e, di conseguenza,
il tipo umano s'impoverirà in caratteri. Non molto tempo
fa la cultura letteraria era considerata un elemento essenziale di qualunque cultura umana; ed ecco che noi
ci avviciniamo ad un'epoca alla quale non sarà più essa
stessa altro che una specializzazione. Identicamente, se
esiste una gerarchia riconosciuta tra le nostre facoltà,
se ve ne sono di quelle alle quali noi attribuiamo una
specie di precedenza e che dobbiamo per tale ragione sviluppare più delle altre, ciò non vuol dire che questa
maggiore dignità sia loro intrinseca; non vuol dire che
la natura stessa abbia loro, dall'eternità, assegnato un
più alto valore. Ed allora, siccome la scala di questi va-
lori cambia necessariamente con le società, questa gerarchia non è mai rimasta la stessa in due momenti diversi
della storia. Ieri, era il coraggio che veniva collocato in
primo piano, con tutte le facoltà che richiede la virtù
militare; oggi è il pensiero ed è la riflessione; domani
sarà forse la finezza del gusto, la sensibilità per le cose
dell'arte. Così, nel presente come nel passato, il nostro
ideale pedagogico è, fin nei particolari, opera della società. È questa che ci traccia il ritratto dell'uomo che noi
dobbiamo essere ed in questo ritratto vengono a ri-
flettersi tutte le particolarità della sua organizzazione.

II

Riassumendo, ben lontani dal fatto che l'educazione abbia per oggetto unico o principale l'individuo
ed i suoi interessi, diremo che essa è, prima di tutto, il
mezzo grazie al quale la società rinnova perpetuamente
le condizioni della sua propria esistenza. La società non

può vivere se non esiste fra i suoi componenti una sufficiente omogeneità. L'educazione perpetua e rinforza questa omogeneità fissando a priori nell'anima del fanciullo le similitudini essenziali che suppone la vita collettiva. Ma, d'altro lato, senza una certa diversità, qualsiasi cooperazione sarebbe impossibile. L'educazione assicura la persistenza di questa diversità necessaria, diversificandosi essa stessa e specializzandosi. Consiste dunque, sotto l'uno o l'altro dei suoi aspetti, in una socializzazione metodica della giovane generazione.

In ciascuno di noi, si può dire, esistono due esseri che, pur essendo inseparabili se non per astrazione, non mancano dall'essere distinti. Uno è fatto di tutti gli stati mentali che non si riferiscono che a noi stessi e agli avvenimenti della nostra vita personale. È quello che si potrebbe chiamare l'essere individuale. L'altro è un sistema di idee, di sentimenti, di abitudini che esprimono in noi non la nostra personalità, ma il gruppo od i gruppi diversi dei quali facciamo parte; tali sono le credenze religiose, le credenze e le pratiche morali, le tradizioni nazionali o professionali, le opinioni collettive d'ogni specie. Il loro insieme forma l'essere sociale. Costruire questo essere in ciascuno di noi, tale è lo scopo dell'educazione.

È per questa via che si mostrano meglio l'importanza della sua funzione e la fecondità della sua azione. Infatti, non soltanto questo essere sociale non si riscontra già totalmente nella costituzione primitiva dell'uomo, ma non è mai stato il risultato d'uno sviluppo spontaneo. Spontaneamente, l'uomo non è portato a sottomettersi ad una autorità politica, a rispettare una disciplina morale, ad essere altruista, a sacrificarsi. Nulla vi era nella nostra natura congenita che ci predisponesse a diventare i servitori di divinità, emblemi simbolici della società; a rendere loro un culto; a privarci per onorarle. È la società stessa che, a misura che si è formata e consolidata, ha estratto dal proprio seno queste grandi forze morali davanti alle quali l'uomo ha sentito la propria inferiorità.

Ora, se si fa astrazione dalle vaghe ed incerte tendenze che possono esser dovute all'eredità, il bambino, entrando nella vita, non vi apporta che la propria natura d'individuo. La società si trova quindi, per così dire, a ogni nuova generazione, di fronte ad una tavola quasi rasa sulla quale deve costruire con nuovi oneri. Occorre che, servendosi dei mezzi più rapidi possibili, all'essere egoista ed asociale che viene dal nascere, essa ne sovrapponga un altro, capace di condurre una vita sociale e morale. Ecco quale è l'opera dell'educazione e voi ne scorgete di qui tutta la grandezza. Essa non si limita a sviluppare l'organismo individuale nel senso segnato dalla Natura, a rendere apparenti dei poteri nascosti che non chiedono che di rivelarsi. Essa crea nell'individuo un uomo nuovo e quest'uomo è fatto di tutto quello che vi è di migliore in noi, di tutto quello che dà un valore e dignità alla vita. Questa virtù creatrice è, d'altronde, un privilegio speciale dell'educazione umana. Ben diversa è quella che ricevono gli animali, se ci è permesso chiamare con questo nome l'allenamento progressivo al quale sono sottoposti da parte dei loro genitori. Essa può ben accelerare lo sviluppo di certi istinti che sonnecchiano nell'animale; ma essa non l'inizia ad una nuova vita. Essa facilita il giuoco delle funzioni naturali; non crea nulla. Istruito dalla madre, il piccolo sa più presto volare o fare il suo nido. Ma non impara quasi nulla dai genitori che non avrebbe potuto scoprire con la propria esperienza personale. Questo avviene perché gli animali o vivono al di fuori di qualsiasi stato sociale o costituiscono delle società piuttosto semplici che funzionano grazie a meccanismi istintivi, che ciascun individuo porta in se stesso, totalmente costituiti, dalla nascita. L'educazione non può quindi aggiungere nulla d'essenziale alla natura, poiché questa basta a tutto, alla vita del gruppo come a quella dell'individuo.

Al contrario, nell'uomo, le attitudini d'ogni genere che richiede la vita sociale sono molto, troppo complesse per poter incarnarsi, in qualche modo, nei nostri tessuti, materializzarsi sotto forma di predisposizioni organiche. Ne consegue che non possono trasmettersi da una generazione all'altra per la via dell'eredità. È mediante l'educazione che se ne fa la trasmissione.

Una cerimonia che si riscontra in una moltitudine di società mette bene in evidenza questo elemento distintivo dell'educazione umana e dimostra che l'uomo ne ha avuto prestissimo l'intuizione. Voglio accennare alla cerimonia dell'iniziazione. Essa ha luogo una volta che l'educazione è terminata; anzi, generalmente, essa chiude un ultimo periodo, durante il quale gli anziani completano l'istruzione del giovane, rivelandogli le credenze più fondamentali ed i riti più sacri della tribù. Una volta che essa è compiuta, il soggetto che l'ha subita prende il suo posto nella società. Lascia le donne in mezzo alle quali aveva passato tutta l'infanzia; ha oramai il suo posto segnato fra i guerrieri; nello stesso tempo prende coscienza del suo sesso del quale ha, da quel momento, tutti i diritti e tutti i doveri. È diventato un uomo ed un cittadino. Ora, è una credenza universalmente sparsa tra tutti questi popoli che l'iniziato, per il fatto dell'iniziazione stessa, è diventato un uomo totalmente nuovo; cambia di personalità; prende un altro nome e si sa che il nome non è allora considerato come un semplice segno verbale, ma come un elemento essenziale della persona. L'iniziazione è considerata una seconda nascita. Lo spirito primitivo si rappresenta simbolicamente questa trasformazione immaginando che un principio spirituale, una specie di nuova anima sia venuta ad incarnarsi nell'individuo. Ma se noi eliminiamo da questa credenza le forme mitiche delle quali si ammanta, non si trova sotto il simbolo questa idea, oscuramente intravista, che l'educazione ha avuto per effetto di creare nell'uomo un essere nuovo? È l'essere sociale.

Però, si dirà, se è possibile, effettivamente, che le qualità propriamente morali — perché esse impongono all'individuo delle privazioni, perché disturbano i suoi movimenti naturali — non possono esser suscitate in noi che sotto un'azione venuta dall'esterno, non ve ne sono altre che qualsiasi uomo è interessato ad acquisire e ricerca spontaneamente? Sono di questo genere le diverse qualità dell'intelligenza che gli permettono di meglio adattare la propria condotta alla natura delle cose. Tali sono anche le qualità fisiche e tutto quello che contribuisce al vigore fisico ed alla salute dell'organismo. Per quelle, almeno, sembra che l'educazione, sviluppandole, non faccia che andare incontro allo sviluppo stesso della Natura, che condurre l'individuo ad uno stato di perfezione relativa verso il quale tende lui stesso, anche se lo raggiunge più rapidamente grazie al concorso della società.

Ma quello che dimostra bene, malgrado le apparenze, che in questo caso, come in altre circostanze, l'educazione risponde innanzi tutto a delle necessità esterne, cioè sociali, è il fatto che esistono delle società nelle quali queste qualità non sono state coltivate affatto e che, in ogni caso, sono state comprese in maniera molto diversa, secondo le società stesse.

Siamo lontani dal constatare che i benefici d'una solida cultura intellettuale siano stati riconosciuti da tutti i popoli. La scienza, lo spirito critico, che oggi noi teniamo in così alto conto, sono stati durante molto tempo guardati con sospetto. Non conosciamo noi una grande dottrina che proclama felici i poveri di spirito? Ed occorre guardarsi dal credere che questa indifferenza per il sapere sia stata artificialmente imposta agli uomini violando la loro natura. Da loro stessi, non avevano alcun desiderio della scienza, semplicemente perché le società, delle quali facevano parte, non ne sentivano menomamente la necessità. Per poter vivere, esse avevano bisogno, innanzi tutto, di tradizioni forti e rispettate. Ora, la tradizione non soltanto non risveglia, ma tende piuttosto ad escludere il pensiero e la riflessione. Né è diverso per quel che riguarda le qualità fisiche. Che le condizioni dell'ambiente sociale spingano la coscienza pubblica verso l'ascetismo e l'educazione fisica sarà spontaneamente respinta all'ultimo piano. È un po' quello che è avvenuto nelle scuole del Medio Evo. Similmente, secondo le correnti d'opinione, questa stessa educazione sarà intesa nei sensi più disparati. A Sparta, essa aveva soprattutto per oggetto d'indurire le membra alla fatica; ad Atene, era un mezzo per fare dei corpi belli a vedersi; al tempo della cavalleria, le si chiedeva di formare dei guèrrieri agili e svelti; ai nostri giorni, non ha più che uno scopo igienico e si preoccupa soprattutto di ridurre gli effetti d'una cultura intellettuale troppo intensa. Così, anche queste qualità, che sembrano, a **prima vista, oltremodo desiderabili, sono ricercate dall'individuo: la società glielo richiede ed egli le ricerca nei modi che gli vengono prescritti.**

Voi vedete fino a che punto la psicologia, da sola, è una risorsa insufficiente per il pedagogo. Non soltanto, come vi ho fatto constatare un momento fa, è la società che traccia all'individuo l'ideale che egli deve realizzare mediante l'educazione, ma anche, nella natura individuale, non vi sono tendenze determinate né stati

definiti che siano come una prima aspirazione verso questo ideale, che ne possano esser considerate come la
forma interiore ed anticipata.

Non si deve credere, senza dubbio, che non esista-
no in noi delle attitudini molto generali senza le quali
sarebbe evidentemente irrealizzabile. Se l'uomo può imparare a sacrificarsi, la cosa dipende dal non esser lui in-
capace di sacrificio; se ha potuto sottoporsi alla disciplina della scienza, lo ha fatto perché questo non gli
era inadatto. Per la sola ragione che facciamo parte in-
tegrante dell'universo, noi teniamo ad altra cosa che a
noi stessi; vi è così in noi una prima impersonalità che
prepara al disinteressamento. Allo stesso modo, per il solo fatto che noi pensiamo, abbiamo una certa tendenza alla conoscenza. Ma tra queste vaghe e confuse predisposizioni, mescolate, del resto, ad ogni specie di predisposizioni contrarie, e la forma così definita e così particolare che esse prendono sotto l'azione della società, esiste un abisso.

Anche con l'analisi più approfondita è impossibile stabilire a priori in questi germi indistinti quello
che saranno chiamati a diventare una volta che la collettività li avrà fecondati. Perché questa non si limita
a dar loro un rilievo che loro mancava: essa aggiunge
loro qualche cosa. Essa aggiunge loro la propria energia e, appunto per questo, li trasforma ed arriva a dei
risultati che prima non erano prevedibili. E così, anche
se la coscienza individuale non avesse più per noi dei mi-
steri, la psicologia, anche se fosse una scienza completamente definita, non saprebbe informare l'educatore
sullo scopo da perseguire. Solo la sociologia può sia
aiutarci a comprenderlo, collegandolo agli stati sociali
dai quali dipende e che esprime, sia aiutarci a scoprirlo,
quando la coscienza pubblica, tumultuosa ed incerta,
non sa più quale deve essere.

III

Ma se il compito della sociologia è preponderante nella determinazione dei fini che l'educazione deve perseguire, ha essa la medesima importanza per quello che concerne la scelta dei mezzi?

È incontestabile che a questo punto la psicologia riprende i suoi diritti. Anche se l'ideale pedagogico esprime innanzi tutto delle necessità sociali, non può tuttavia realizzarsi che nell'intimo e per tramite di individui. Acciocchè sia un'altra cosa che non soltanto una semplice concezione dello spirito, una vana imposizione della società ai propri membri, occorre trovar la maniera di conformarvi la coscienza del fanciullo. Ora, la coscienza ha le proprie leggi che si devono conoscere per poterle modificare, se almeno si desidera risparmiare a se stessi dei brancolamenti empirici che la pedagogia ha appunto il compito di ridurre al minimo. Per poter eccitare l'attività a svilupparsi in una determinata direzione, occorre anche sapere quali sono le energie che la muovono e di quale natura sono: perché è soltanto a questa condizione che diverrà possibile far l'applicazione, con cognizione di causa, dell'azione adatta. Si tratta, per esempio, di risvegliare l'amore della patria o il senso dell'umanità? Noi sapremo tanto meglio rivolgere la sensibilità dei nostri alunni nell'uno o nell'altro senso quanto più complete e più precise saranno le nozioni che noi possederemo sull'insieme dei fenomeni che si chiamano tendenza, abitudine, desiderio, emozione ecc.; sulle condizioni diverse dalle quali dipendono; sulla forma che presentano nel fanciullo. A seconda che vedremo nelle tendenze un prodotto di esperienze gradevoli o sgradevoli, che la specie ha potuto fare, o, al contrario, un fatto primitivo anteriore agli stati affettivi che ne accompagnano il funzionamento, ci dovremo regolare in maniera molto diversa per inquadrarne lo sviluppo. Ora, è alla psicologia e più specialmente alla psicologia infantile che compete di risolvere questi problemi.

Ma anche se essa è incompetente a fissare lo scopo, anzi gli scopi, dell'educazione, non è dubbio che essa ha una funzione utile nell'organizzazione dei metodi. Anzi, siccome alcun metodo può essere applicato allo stesso modo ai diversi fanciulli, è ancora la psicologia che dovrebbe aiutarci a riconoscerci in mezzo alle diversità delle intelligenze e dei caratteri. Disgraziatamente è noto che siamo ancora lontani dal momento in cui sarà veramente in condizioni di soddisfare questo *desideratum*.

Non può quindi esser questione di disconoscere i servigi che può rendere alla pedagogia la scienza dell'individuo e sapremo darle l'importanza che si merita. Tuttavia, anche in questa cerchia di problemi, nei quali essa può utilmente illuminare il pedagogo, è ben lontana dal poter fare a meno dell'ausilio della sociologia.

In primo luogo, poiché i fini dell'educazione sono sociali, i mezzi grazie ai quali questi fini possono essere raggiunti devono necessariamente avere gli stessi caratteri. Ed infatti, fra tutte le istituzioni pedagogiche, non ve n'è forse una che non sia analoga ad una istituzione sociale della quale riproduce, sotto una forma ridotta e come in riassunto, gli elementi principali. V'è una disciplina nella scuola come nella nazione. Le regole che fissano allo scolaro i suoi doveri, sono paragonabili a quelle che prescrivono all'uomo fatto la condotta. Le pene e le ricompense che sono annesse ai primi non mancano di somigliare alle pene ed alle ricompense che sanzionano le seconde. Noi insegniamo ai fanciulli le realizzazioni della scienza? Ma la scienza che sta realizzando s'insegna pure: non rimane chiusa nel cervello di coloro che la concepiscono e non diventa veramente operante che alla condizione di esser comunicata agli altri uomini. Ora, questa comunicazione, che mette in movimento tutta una rete di meccanismi sociali, costituisce un insegnamento che, anche se si rivolge all'adulto, non differisce — nella sua natura — da quella che l'alunno riceve dal docente. Non si dice che gli scienziati sono dei maestri per i loro contemporanei e non si dà il nome di « scuole » ai gruppi che si formano attorno a loro? (²). Si potrebbero moltiplicare gli esempi. Gli è che, effettivamente, come la vita scolastica non è che il germe della vita sociale, come questa non è che la continuazione e lo sboccio di quella, così è impossibile che i principali procedimenti, grazie ai quali l'una funziona, non si riscontrino pure nell'altra. Ci si può quindi aspettare che la sociologia, scienza delle istituzioni sociali, ci aiuti a capire ciò che sono o a congetturare quello che devono essere le istituzioni pedagogiche. Meglio noi conosceremo la società, meglio potremo renderci conto di tutto quello che succede in questo microcosmo sociale che è la scuola.

Viceversa voi vedete con quale prudenza e quale misura, anche quando si tratta della determinazione dei metodi, occorre utilizzare i dati della psicologia. Da sola, questa non saprebbe fornire gli elementi necessari per la costruzione d'una tecnica che, per definizione, ha il suo prototipo non nell'individuo, ma nella collettività.

D'altra parte, gli stati sociali dai quali dipendono i fini pedagogici, non limitano là la loro azione. Essi

---

(²) V. Willmann, opera citata, 1, pag. 40.

influiscono anche sulla concezione dei metodi: perché
la natura del fine implica in parte quella dei mezzi. La
società, per esempio, si orienta in un senso individua-
listico: tutti i procedimenti educativi che possono aver
l'effetto di far violenza all'individuo, di disconoscere la
sua spontaneità interiore, appariranno intollerabili e saranno riprovati. Al contrario, sotto la pressione di circostanze durevoli o passeggere, sente essa il bisogno
d'imporre a tutti un conformismo più vigoroso: tutto
quello che può provocare maggiormente l'iniziativa del-
l'intelligenza verrà proscritto. Infatti, tutte le volte che
il sistema dei metodi educativi è stato profondamente
trasformato, era intervenuta l'influenza di qualcuna di
quelle grandi correnti sociali delle quali l'azione si è
fatta sentire su tutta l'estensione della vita collettiva.
Non è in seguito a grandi scoperte psicologiche che il
Rinascimento ha opposto tutto un insieme di metodi
nuovi a quelli che praticava il Medio Evo. Ciò è acca-
duto perché, in seguito ai cambiamenti sopravvenuti
nella struttura delle società europee, un nuovo concetto
dell'uomo e del suo posto nel mondo aveva finito col farsi strada. Allo stesso modo, i pedagogisti che, alla fine
del XVIII secolo od all'inizio del XIX, intrapresero a
sostituire il metodo intuitivo a quello astratto, rappresentavano, innanzi tutto, l'eco delle aspirazioni del loro tempo. Né Basedow, né Pestalozzi, né Froebel erano
dei grandi psicologi. Quello che esprime soprattutto la
loro dottrina è il rispetto per la libertà interiore, l'or-
rore per qualsiasi coercizione, l'amore dell'uomo e, di
conseguenza, del fanciullo, che sono alla base del nostro
individualismo moderno.

Così, qualunque sia l'aspetto sotto il quale si con-
sideri l'educazione, questa si presenta ovunque a noi
con lo stesso carattere. Si tratti dei fini che persegue o
dei mezzi che essa adotta, è sempre a delle necessità so-

ciali che essa risponde; sono dei sentimenti e delle idee collettive che essa esprime. Senza dubbio, l'individuo stesso vi trova il suo profitto: non abbiamo noi specificatamente riconosciuto che dobbiamo all'educazione quanto c'è di meglio in noi stessi? Ma si verifica che questo meglio è d'origine sociale. È dunque sempre allo studio della società che occorre ritornare. È soltanto là che il pedagogo può trovare i principi della sua speculazione. La psicologia potrà bene indicargli qual è la miglior maniera di agire per applicare al fanciullo questi principi una volta stabiliti, ma non potrà mai farglieli scoprire.

Aggiungo, terminando, che, se vi fu mai un tempo ed una nazione nei quali il punto di vista sociologico si sia imposto in maniera particolarmente urgente ai pedagogisti, questo certamente è il nostro paese ed il nostro tempo. Quando una società si trova in uno stato di stabilità relativa, d'equilibrio temporaneo, come per esempio la società francese del XVII secolo; quando, per conseguenza, un sistema di educazione si è stabilito in modo che, pure per un certo tempo, non è discusso da nessuno, le sole questioni urgenti che si pongono sono delle questioni d'applicazione. Nessun dubbio grave si solleva né sullo scopo da raggiungere né sull'orientamento generale dei metodi; non può dunque esistere controversia che sulla miglior maniera di metterli in pratica e sono difficoltà che la psicologia è in grado di risolvere. Non ho quindi bisogno di rivelarvi che questa sicurezza intellettuale e morale non è del nostro secolo; è questo contemporaneamente la sua miseria e la sua grandiosità. Le trasformazioni profonde che hanno subito o stanno subendo le società contemporanee hanno bisogno di trasformazioni corrispondenti nell'educazione nazionale. Ma se noi sentiamo bene che dei cambiamenti sono necessari, sappiamo assai male quali dovranno essere. Qualsiasi possano essere le convinzioni particolari degli individui singoli o dei partiti, l'opinione pubblica rimane indecisa ed ansiosa.

Il problema pedagogico non si pone quindi per noi con la stessa serenità che per gli uomini del XVII secolo. Non si tratta più di mettere in opera idee acquisite, ma di trovare delle idee che ci guidino. Come scoprirle se non rimontiamo sino alla sorgente stessa della vita educativa, cioè alla società? È dunque la società che dobbiamo interrogare, sono i suoi bisogni che occorre soddisfare. Limitarci a guardare dentro di noi sarebbe distrarre i nostri sguardi dalla realtà stessa che dobbiamo raggiungere. Sarebbe metterci nell'impossibilità di capire qualche cosa del movimento che trascina il mondo intorno a noi e noi stessi con lui. Non credo di obbedire ad un semplice pregiudizio né di cedere ad un amore smoderato per la scienza che ho coltivato tutta la vita, dicendo che mai una cultura sociologica è stata maggiormente necessaria all'educatore. Non è che la sociologia possa metterci in mano dei procedimenti prefabbricati e dei quali non si abbia che da fare l'utilizzazione. Se ne trovano forse di questa specie? Ma essa può di più e può meglio. Può darci quello di cui abbiamo impellentemente bisogno, voglio dire un gruppo di idee direttrici che siano l'anima della nostra esperienza pratica e che la sostengano, che diano un senso alla nostra azione e che a quest'azione ci affezionino; quello che costituisce la condizione necessaria perché questa azione sia feconda.

4. L'EVOLUZIONE E LA FUNZIONE DELL'INSEGNAMENTO SECONDARIO IN FRANCIA (¹)

1) **Il mio** compito, Signori, non è d'insegnarvi la tecnica del vostro mestiere; non la si può imparare che con la pratica ed è mediante la pratica che voi l'imparerete l'anno prossimo (²). Ma una tecnica, qualunque essa sia, degenera presto in un volgare empirismo, se colui che se ne serve non è mai stato messo in condizioni di riflettere allo scopo che persegue la pratica stessa ed ai mezzi che essa impiega. Indirizzare le vostre riflessioni verso le cose dell'insegnamento e farvi imparare ad applicarle con metodo: ecco quale sarà precisamente il mio compito. Un insegnamento pedagogico deve, infatti, proporsi non di comunicare al futuro professionista un certo numero di procedimenti e di ricette, ma di dargli una piena coscienza della sua funzione.

Ed appunto perché questo insegnamento ha neces-

(¹) Questa lezione-prolusione era stata preceduta da una prima seduta nella quale il Rettore Liard, M. Lavisse, M. Langlois, direttore del Museo Pedagogico, avevano messo gli studenti a giorno delle misure prese per organizzare la loro preparazione professionale. L'allocuzione di M. Langlois è stata pubblicata nella Revue Bleue, numero del 25 nov. 1905.

(²) Durante il loro secondo anno di preparazione, i candidati alla « agrégation » (abilitazione all'insegnamento) seguono un periodo di tirocinio nei licei di Parigi.

sariamente un carattere teorico, certuni dubitano che esso possa esser utile. Non è che si arrivi fino a sostenere che la « routine » possa bastare a se stessa e che la tradizione non abbia bisogno d'essere guidata da una riflessione documentata ed accorta. In un tempo nel quale, in tutte le sfere dell'attività umana, si vede la scienza, la teoria, la speculazione — cioè, in altre parole, insomma, la riflessione — compenetrare di più in più la pratica ed illuminarla, sarebbe veramente troppo strano che soltanto l'attività dell'educatore vi facesse eccezione. Senza dubbio è permesso criticare severamente l'impiego che un troppo gran numero di pedagogisti hanno fatto della loro ragione; si può legittimamente trovare che i loro sistemi, così artificiali, così astratti, così poveri dal punto di vista della realtà, sono senza grande utilità pratica. Però non è questo un motivo sufficiente per proscrivere per sempre la riflessione pedagogica e dichiararla senza ragion d'essere. Si riconosce infatti volentieri che la conclusione sarebbe eccessiva. Soltanto si ritiene che, per una vera grazia del cielo, il professore di liceo non ha bisogno di essere particolarmente allenato ed esercitato a questa forma particolare di riflessione. Pazienza ancora — si dice — per i maestri delle nostre scuole primarie! Per la cultura più limitata che essi hanno ricevuto, può essere necessario spingerli a meditare sulla loro professione, spiegar loro le ragioni dei metodi che essi impiegano, affinché possano servirsene con discernimento. Ma con un docente dell'insegnamento secondario, il cui spirito è stato, prima al liceo, poi all'Università, reso acuto in tutte le maniere, rotto a tutte le alte discipline, tutte queste precauzioni non sono che del tempo perduto. Lo si metta di fronte ai suoi alunni, ed immediatamente la potenza di riflessione che egli ha acquisito nel corso dei suoi studi saprà applicarsi naturalmente alla sua classe, anche se questa non avrà ricevuto nessuna educazione preventiva.

V'è tuttavia un fatto che non sembra testimoniare in favore di questa attitudine innata che si attribuisce al professore di liceo per quello che riguarda la riflessione professionale. In tutte le forme della condotta umana nelle quali s'introduce la riflessione, si vede, a misura che questa si sviluppa, la tradizione diventare più malleabile e più accessibile alle novità.

In effetti, la riflessione è l'antagonista naturale, la nemica nata della *routine*. Essa sola può impedire che le abitudini siano prese in forma immutabile, rigida, che le sottragga ai cambiamenti. Essa sola può tenerle in esercizio, conservarle nello stato di duttilità e di flessibilità necessarie perché possano modificarsi, evolvere, adattarsi alla diversità ed alla mobilità delle circostanze e degli ambienti. Inversamente, minore è la parte accordata alla riflessione, più grande è quella dell'immobilismo. Ora, si constata che l'insegnamento secondario si fa rimarcare non per un appetito smodato di novità, ma per un vero e proprio misoneismo. Noi vedremo infatti come, in Francia, mentre tutto è cambiato, mentre il regime politico, quello economico, quello morale, si sono trasformati, vi è stata tuttavia qualche cosa che è rimasta relativamente immutabile: le concezioni pedagogiche che sono alla base di quello che si è convenuto chiamare l'insegnamento classico. Salvo qualche aggiunta che non toccava il fondo delle cose, gli uomini della mia generazione sono ancora stati allevati in base ad un ideale che non differiva sensibilmente da quello al quale s'ispiravano i collegi dei Gesuiti al tempo del Gran Re. Nulla vi è veramente in questo che permetta di pensare che lo spirito di critica e di esame abbia avuto una parte molto considerevole nella nostra vita scolastica.

Gli è che, effettivamente, non è vero che si sia capaci di riflettere sopra un ordine determinato di fatti
per il semplice motivo che si ha occasione d'esercitare
la propria riflessione in una cerchia di argomenti di natura differente. Numerosi sono i grandi scienziati che
hanno illustrato la loro scienza e che tuttavia per tutto
quello che sta al di fuori della loro specialità sono come
dei bambini. Questi arditi innovatori si comportano, in
altro campo, come dei semplici abitudinari, che non
pensano né agiscono altrimenti del volgo ignorante. La
ragione ne è che i pregiudizi che ostacolano lo sviluppo
della riflessione differiscono secondo l'ordine delle cose
al quale si riferiscono. Può dunque avvenire che gli
uni abbiano ceduto, mentre gli altri conservano tutta la
loro forza di resistenza; che uno stesso spirito si sia
liberato su un punto, mentre su un altro rimane asser-
vito. Ho conosciuto un grandissimo storico, del quale
conservo fedelmente e rispettosamente il ricordo, che,
in materia di insegnamento, era rimasto — o poco mancava — all'ideale di Rollin. D'altronde, ogni categoria
di fatti domanda di essere riflettuta in maniera adatta,
secondo i metodi che le sono appropriati; e questi metodi non s'improvvisano, ma devono esser appresi. Non
basta dunque aver cogitato sulle finezze delle lingue
morte o sulle leggi della matematica, sugli avvenimenti
della storia sia antica sia moderna, per essere *ipso facto*
in condizioni di riflettere metodicamente sulle cose del-
l'insegnamento. Questa forma determinata della riflessione costituisce una specializzazione che richiede un'iniziazione preventiva. Il seguito di questo corso ne sarà
la prova.

2) Non soltanto nulla giustifica il privilegio che si
ha l'abitudine di conferire in tal maniera ai docenti del-
l'insegnamento secondario; non soltanto non si vede
perché sarebbe inutile risvegliare in loro la riflessione
pedagogica mediante un'appropriata cultura. Invece, sotto certi rapporti, questa è loro più indispensabile che
ad altri.

In primo luogo, l'insegnamento secondario è un organismo ben più complesso dell'insegnamento primario.
Ora, più un essere è complesso e vive d'una vita complessa, più ha bisogno di riflessione per potersi compor-
tare. In una scuola elementare, ogni classe, almeno come principio, è nelle mani d'un solo ed unico maestro:
perciò l'insegnamento che egli impartisce arriva ad avere un'unità tutta naturale e semplicissima. È l'unità
stessa della persona che insegna. Siccome ha sotto gli
occhi la totalità dell'insegnamento, gli è relativamente
facile dare ad ogni disciplina la parte che le spetta, adat-
tarle le une alle altre e farle concorrere tutte al raggiun-
gimento dello stesso fine.

La cosa è ben differente al liceo, dove i diversi insegnamenti, ricevuti simultaneamente dallo stesso alunno,
sono generalmente impartiti da **svariati docenti**. Qui
esiste una vera divisione del lavoro pedagogico, che au-
menta un po' di più ogni giorno, modificando la vecchia
fisionomia dei nostri licei e sollevando una grave questione, della quale ci occuperemo un giorno. Per quale
miracolo l'unità potrebbe risultare da questa diversità?
Come questi insegnamenti potrebbero armonizzarsi gli
uni con gli altri, completarsi fra loro in maniera tale da
formare un tutto, se quelli che l'impartiscono non hanno
il senso di questo tutto e della maniera con la quale ciascuno deve concorrervi? Benché noi non siamo attualmente in condizioni di definire lo scopo dell'insegnamento secondario — questione che non potrà esser esa-

minata utilmente che alla fine del corso — tuttavia
possiamo ben dire che al liceo non si tratta né di
fare un matematico, né un letterato, né un naturalista,
né uno storico, ma di formare uno spirito mediante
delle lettere, della storia, della matematica ecc. Ma come
ogni insegnante potrà assolvere questa sua funzione, realizzando la parte che gli tocca nell'opera totale, se non
sa qual è quest'opera, come i diversi collaboratori vi
concorrano con lui, in che maniera i suoi sforzi si ri-
congiungeranno ai loro?

Spessissimo, è vero, si ragiona come se tutto quello
camminasse da solo, come se questo fine comune nulla
avesse d'oscuro, come se tutti sapessero che cosa è formare uno spirito. Ma, in realtà, questa formula è vaga e
vuota di qualsiasi contenuto positivo ed è per questo
motivo che io potevo impiegarla un momento fa senza
pregiudicare in nulla i risultati che daranno le nostre
ricerche ulteriori. Tutto quello che essa enuncia è che
non si devono specializzare gli spiriti, ma non c'insegna in pari tempo su quale modello si debbano formare.

La maniera nella quale si formava uno spirito al
XVII secolo non potrebbe convenire al giorno d'oggi.

Si forma anche uno spirito alla scuola primaria, ma
in altra maniera che al liceo. Quindi, finché i docenti non
avranno come punto di riferimento che degli *slogans*
tanto imprecisi, sarà inevitabile che i loro sforzi si di-
sperdano e si paralizzino a causa di questa dispersione.
Ed è troppo spesso questo spettacolo che ci offre l'insegnamento nei nostri licei. Ciascuno vi professa la propria specialità come se essa fosse un fine a se stessa,
mentre non è che un mezzo in vista d'un fine al quale
dovrebbe esser riferita ad ogni istante.

Al tempo nel quale insegnavo nei licei, un ministro,
per lottare contro questo spezzettamento anarchico, isti-

tuì delle assemblee mensili alle quali tutti i professori dello stesso stabilimento dovevano venire ad intrattenersi sulle questioni che loro sono comuni. Ahimè! Queste assemblee non furono mai altro che delle vane formalità. Noi ci recavamo con deferenza alle riunioni, ma potemmo constatare ben presto che nulla avevamo da dirci, perché ci mancava qualsiasi obbiettivo comune. Come potrebbe essere differente, finché all'Università ogni gruppo di studenti riceverà il suo insegnamento preferito ìn una specie di compartimento stagno? Il solo mezzo di prevenire questo stato di divisione è di portare tutti questi collaboratori di domani a riunirsi ed a pensare in comune al loro compito comune.

Occorre che, ad un dato momento della loro preparazione, siano messi in condizioni d'abbracciare d'un colpo d'occhio, in tutta la sua estensione, il sistema scolastico, alla vita del quale saranno chiamati a partecipare. Occorre che essi vedano ciò che ne fa l'unità, vale a dire quale ideale ha la funzione di realizzare e come tutte le parti che lo compongono devono concorrere a tale scopo finale. Ora, questa iniziazione non può farsi che mediante un insegnamento del quale fra un istante determinerò il piano ed il metodo.

3) Ma v'è di più. L'insegnamento secondario si trova oggi in condizioni specialissime che rendono questa preparazione eccezionalmente urgente. Dopo la seconda metà del XVIII secolo attraversa una crisi gravissima, che non è ancora arrivata alla sua risoluzione. Tutti si rendono conto che non può rimanere quello che è stato in passato. Ma non si vede colla stessa chiarezza quello che è chiamato a diventare. Da questo sono dipese quelle riforme che, da circa un secolo, si succedono periodicamente, dimostrando, contemporaneamente, la difficoltà e l'urgenza del problema.

Non si potrebbe certamente disconoscere, senza ingiustizia, l'importanza dei risultati ottenuti: l'antico si è aperto a delle idee nuove; un sistema nuovo è in via di costituirsi e sembra pieno di giovinezza e di ardore. Ma è forse eccessivo dire che esso cerca ancora se stesso, che ha di sé una coscienza ancora incerta e che il precedente si è moderato mediante felici concessioni più che non si sia rinnovato? Un fatto rende particolarmente sensibile lo smarrimento nel quale si dibattono su questo punto le nostre idee. In tutti i periodi anteriori della nostra storia, si poteva definire con una parola l'ideale che gli educatori si proponevano di realizzare nei giovani. Al Medio Evo, il maestro della Facoltà delle Arti voleva innanzi tutto fare dei suoi allievi dei dialettici. Dopo il Rinascimento, i Gesuiti ed i reggenti dei nostri collegi universitari si davano come scopo di fare degli « umanisti ». Oggi, manca una qualsiasi espressione per indicare l'obiettivo che deve perseguire l'insegnamento dei nostri licei: gli è che noi vediamo soltanto confusamente quale deve essere questo obbiettivo.

E non si creda di risolvere la difficoltà dicendo che il nostro dovere è semplicemente di fare dei nostri allievi degli uomini! La soluzione è totalmente verbale, perché si tratta precisamente di sapere quale idea noi dobbiamo farci dell'uomo, noi europei o, più specialmente ancora, noi francesi del XX secolo. Ogni popolo ha, ad ogni momento della sua storia, il suo proprio concetto dell'uomo. Il Medio Evo ha avuto il suo; il Rinascimento il suo e la questione è di sapere quale deve essere il nostro. Questa domanda, del resto, non è peculiare al nostro paese. Non v'è grande Stato europeo dove essa non si ponga ed in termini pressoché identici. Ovunque, pedagoghi e uomini di stato si rendono conto che i cambiamenti sopravvenuti nell'organizzazione materiale e morale delle società contemporanee necessitano trasformazioni parallele e non meno profonde di questa parte speciale del nostro organismo scolastico. Perché è soprattutto nell'insegnamento secondario che la crisi imperversa con una simile intensità? È questo un argomento che dovremo esaminare un giorno. Per il momento mi limito a constatare il fatto che non è contestabile.

Ora, per uscire da questa era di turbamento e d'incertezza, non basterebbe contare esclusivamente sull'efficacia delle ordinanze e dei regolamenti. Qualunque ne sia l'autorità, regolamenti ed ordinanze non sono mai altro che delle parole che non possono diventare realtà che col concorso di coloro che sono incaricati d'applicarli. Se dunque voi, che avrete per funzione di farli vivere, non li accetterete che di mala voglia, se li subirete senza aderirvi, essi resteranno lettera morta e senza risultati utili. E, secondo la maniera nella quale voi li intenderete, potranno ottenere dei risultati differentissimi, se non addirittura opposti. Non sono poco più che dei progetti, la sorte dei quali, finalmente, dipenderà sempre da voi e dal vostro modo di pensare.

Quanto è importante, quindi, che voi siate messi in condizioni di farvi un'opinione chiara! Finché l'indecisione albergherà nei vostri spiriti, non esisterà decisione amministrativa che possa mettervi un termine. Non si decreta un ideale, occorre che sia compreso, amato, voluto da tutti quelli che hanno il dovere di realizzarlo. Occorre, in una parola, che il grande lavoro di rifacimento e di riorganizzazione che s'impone sia l'opera del corpo stesso che è chiamato a rifarsi ed a riorganizzarsi. Occorre dunque fornirgli tutti i mezzi necessari affinché possa prender coscienza di se stesso, di quello che , delle cause che lo sollecitano ad apportare dei mutamenti, di quello che deve voler diventare. Si capisce senza fatica che, per ottenere un simile risultato, non

basta allenare i futuri docenti alla pratica del loro mestiere: occorre, innanzi tutto, provocare da parte loro
un energico sforzo di riflessione, che dovranno conti-
nuare durante tutta la prosecuzione della loro carriera,
ma che deve incominciare qui, all'Università, perché qui
soltanto troveranno gli elementi d'informazione senza i
quali le loro riflessioni sull'argomento non sarebbero che
delle costruzioni ideologiche e dei sogni senza efficacia.

E sarà a questa condizione che si renderà possibile
il risveglio, senza alcun procedimento artificiale, della
vita un po' languente del nostro insegnamento secondario. Perché, non è possibile dissimularcelo, causa lo
smarrimento intellettuale nel quale si trova, incerto fra
un passato che muore ed un avvenire ancora indeterminato, l'insegnamento secondario non manifesta più la
stessa vitalità e lo stesso fervore di vita d'altri tempi.

L'osservazione può esser fatta liberamente, perché
non implica alcuna critica verso le persone: il fatto
che essa constata è il prodotto di cause impersonali. Da
una parte, l'antico entusiasmo per le lettere classiche,
la fede che esse ispiravano sono irrimediabilmente scos-
si. Certamente non sarebbe davvero il caso di dimenticare il glorioso passato dell'umanesimo, i servigi che ha
reso e continua persino a rendere; però è difficile sot-
trarsi all'impressione che in parte sopravvive a se stesso. D'altra parte, nessuna nuova fede è venuta a sostituire quella che sta sparendo. Ne risulta che il docente
si chiede spesso con inquietudine a che cosa egli serva
ed a che cosa tendano i suoi sforzi. Non vede chiaramente come le sue funzioni si colleghino alle funzioni
vitali della società. Di qui una certa tendenza allo scet-
ticismo, una specie di disinganno, un vero malessere
morale, in una parola, che non può svilupparsi senza
pericolo. Un corpo insegnante senza fede pedagogica
è un corpo senz'anima.

Il vostro primo dovere ed il vostro principale interesse sono dunque di ridare un'anima al corpo nel
quale voi dovete entrare. E voi soli lo potete fare. Certamente, per mettervi in condizioni di assolvere questo
compito, non sarà sufficiente un corso di qualche mese.
Toccherà a voi di lavorarvi durante tutta la vostra vita.
Ma bisogna pure incominciare col risvegliare in voi la
volontà d'intraprenderlo e col mettervi nelle mani gli
strumenti più necessari per portarlo a termine. Tale è
lo scopo dell'insegnamento che inauguro oggi.

4) **Voi conoscete ora lo scopo che vorrei raggiungere**, d'accordo con voi. Vorrei impostare davanti a voi
il problema dell'insegnamento secondario nella sua in-
terezza e questo per due motivi: innanzi tutto, affinché
voi possiate farvi un'opinione su quello che questa cultura deve diventare; in secondo luogo, affinché da questa ricerca fatta in comune, si sviluppi un sentimento
comune che faciliti la vostra cooperazione di domani.
Ed ora, fissato così lo scopo, cerchiamo quale sarà il
metodo che ci permetterà di raggiungerlo.

Un sistema scolastico qualsiasi è costituito di due
tipi di elementi: da una parte, si ha un insieme di or-
dinamenti definiti e stabili, di metodi tradizionali, in
una parola, d'istituzioni. Perché vi sono delle istituzioni
pedagogiche come vi sono delle istituzioni giuridiche,
religiose o politiche. Ma, nello stesso tempo, all'interno
della macchina così costituita, vi sono delle idee che la
lavorano e la sollecitano al cambiamento. Salvo, può
darsi, dei rari momenti d'apogeo e di sosta, vi è sempre,
anche nel sistema più inquadrato e meglio definito, un
movimento verso un'altra cosa, differente da quello che
esiste, una tendenza verso un ideale più o meno chiaramente intravisto.

Veduto dal di fuori, l'insegnamento secondario si

presenta a noi come un insieme di stabilimenti la cui organizzazione materiale e morale è determinata. Ma, da un altro lato, questa organizzazione accoglie in sé delle aspirazioni che si cercano. Sotto questa vita fissa, consolidata, esiste una vita in movimento che, appunto perché più nascosta, non è affatto trascurabile. Sotto un passato che dura, vi è sempre del nuovo che si crea e che tende ad essere. Di fronte a questi due aspetti della realtà scolastica, quale sarà la nostra attitudine?

Del primo, ordinariamente, i pedagoghi si disinteressano. Poco loro importano gli aggiustamenti diversi che il passato ci ha legato. Il problema, come viene da loro posto a loro stessi, li dispensa dal darvi la minima importanza. Spiriti eminentemente rivoluzionari, almeno nella maggior parte dei casi, la presente realtà è senza interesse ai loro occhi. Non la sopportano che con impazienza e sognano di affrancarsene, per edificare di sana pianta un sistema scolastico interamente nuovo, nel quale venga realizzato adeguatamente l'ideale al quale aspirano. Quindi che cosa possono loro importare le pratiche, i metodi, le istituzioni che esistevano prima di loro? È verso l'avvenire che essi hanno gli occhi fissati e credono di poterlo evocare dal nulla.

Ma noi sappiamo oggi tutto quello·che vi è di chimerico e persino di pericoloso in questo ardore d'iconoclasti. Non è possibile, anzi, neppure desiderabile, che l'attuale organizzazione crolli di colpo. Voi dovrete viverci e farla vivere. Ma, per tal motivo, occorre conoscerla. Ed occorre conoscerla anche per poterla cambiare. Perché le creazioni *ex nihilo* sono altrettanto impossibili nell'ordine sociale quanto nell'ordine fisico. L'avvenire non s'improvvisa; non possiamo costruire che col materiale che abbiamo ricevuto dal passato. Le nostre innovazioni più feconde consistono appunto spesso nel fondere le idee nuove nelle forme antiche, che basta modificare parzialmente per metterle in armonia col loro contenuto nuovo. ·

Alla stessa maniera il miglior modo di realizzare un nuovo ideale pedagogico è d'utilizzare l'organizzazione esistente, salvo qualche ritocco secondario, se la cosa è utile, per adattarla agli scopi nuovi ai quali deve servire. Quante riforme sono facili senza che si renda necessario sconvolgere i programmi ed i cicli di studi! Basta saper mettere a profitto quelli che sono in vigore animandoli d'uno spirito nuovo. Ma, per poter servirsi in tal modo delle istituzioni pedagogiche esistenti, è necessario ancora non ignorare in che cosa esse consistono. Non si agisce efficacemente sulle cose che nella misura nella quale si conosce la loro natura. Non si può diriger bene l'evoluzione d'un sistema scolastico se non s'incomincia con il sapere che cosa è, di che cosa è fatto, quali sono i concetti che stanno alla sua base, i bisogni ai quali risponde, le cause che l'hanno fatto nascere. E così appare come indispensabile tutto uno studio scientifico ed obbiettivo del quale le conseguenze pratiche non sono difficili a prevedere.

È vero che, ordinariamente, questo studio non sembra dover essere molto complesso. Siccome una lunga pratica ci ha familiarizzato con le cose della vita scolastica, esse ci appaiono tutte semplici e di natura tale da non sollevare alcun problema che esiga, per essere risolto, un grande apparato di ricerche. Da lunghi anni noi abbiamo conosciuto, sotto il nome di secondario, un insegnamento intermedio tra la scuola primaria e l'Università.

Noi abbiamo sempre visto, attorno a noi, dei collegi ed in questi collegi delle classi e perciò siamo condotti a credere che tutte le sistemazioni camminino da sole e che non sia necessario studiarle a lungo per sapere di dove vengono ed a quale necessità rispondono.

Ma, appena noi, invece di guardare le cose nel presente,
le consideriamo nella storia, le illusioni si dissipano.
Questa gerarchia a tre gradi non è sempre esistita, anche da noi. Essa è di ieri. Sino a tempi recentissimi
l'insegnamento secondario era indifferenziato dall'insegnamento superiore. Oggi la soluzione di continuità
che lo separava dall'insegnamento primario tende a scom-
parire. I collegi, col loro sistema di classi, non risalgono
al di là del XVI secolo e noi vedremo che all'epoca ri-
voluzionaria vi fu un momento nel quale questo sistema scomparve. Siamo quindi ben lontani dal fatto che
esso corrisponda ad una necessità eterna! Ne deriva
dunque che queste istituzioni dipendono non da bisogni
universali dell'uomo arrivato ad un certo grado di civiltà, ma da cause definite, da stati sociali particolaris-
simi che solo l'analisi storica ci può rivelare. Ora, è
soltanto nella misura in cui saremo arrivati a deter-
minarle, che noi sapremo veramente che cosa è questo insegnamento. Perché sapere quello che è, non è
semplicemente conoscerne la forma esteriore e superficiale. È sapere quale ne è il significato, che posto tiene,
che ruolo ha nell'insieme della vita nazionale.

Guardiamoci quindi dal credere che basta un po' di
buon senso e di cultura per risolvere di colpo dei problemi come i seguenti: « Che cosa è l'insegnamento secondario? Che cosa è un collegio, che cosa è una classe? ». Noi possiamo, mediante un'analisi mentale, trovare abbastanza facilmente l'idea che noi ci facciamo
personalmente dell'una o dell'altra di queste realtà.
Ma di che interesse può essere questo concetto totalmente soggettivo? Ciò che ci occorre arrivare a sbro-
gliare è la natura obbiettiva dell'insegnamento secondario, sono le correnti di idee dalle quali è risultato, i
bisogni sociali che lo hanno chiamato ad esistere. Ora,
per conoscerlo, non basta guardare in noi stessi. Poi-

ché è nel passato che essi hanno prodotto i loro effetti, è nel passato che dobbiamo vederli agire. Ben lontani dal poter ritenere come evidente la nozione che noi abbiamo in noi stessi, dobbiamo, al contrario, tenerla per sospetta. Perché, prodotto della nostra esperienza ristretta individuale, funzione del nostro temperamento personale, non può essere che parziale ed ingannatrice. Occorre farne *tabula rasa,* obbligarci ad un dubbio metodico ed affrontare questo mondo scolastico, che si tratta d'esplorare, come una terra sconosciuta dove ci sono delle vere scoperte da realizzare. Lo stesso metodo s'impone per tutti i problemi, anche i più speciali, che può sollevare l'organizzazione dell'insegnamento.

Di dove viene il nostro sistema d'emulazione (perché è veramente troppo semplice darne tutta la responsabilità ai Gesuiti)? Di dove viene il nostro sistema di disciplina (dato che sappiamo che ha cambiato secondo i tempi)? Di dove vengono i nostri principali esercizi scolastici? Altrettante questioni a lato delle quali si passa senza neppure supporne l'esistenza, finché ci si chiude nel presente, e delle quali la complessità non appare che quando le si studia nella storia. Noi vedremo, per esempio, come il posto preso e conservato nelle nostre classi dalla esegesi dei testi, sia antichi che moderni, dipende da una delle caratteristiche essenziali della nostra mentalità e della nostra civiltà. Ed è studiando l'insegnamento medioevale che saremo condotti a fare questa constatazione.

5) Ma non basta conoscere e comprendere la nostra macchina scolastica, quale è organizzata attualmente. Poiché essa è chiamata ad evolvere senza arresto, occorre poter giudicare le tendenze al cambiamento che la agitano; bisogna poter decidere, conoscendo a fon-

do il problema, quello che dovrà essere nell'avvenire.
Per risolvere questa seconda parte del problema, il metodo storico e comparativo è egualmente indispensabile. Questo può, a prima vista, sembrare superfluo.
Qualsiasi riforma pedagogica non ha, finalmente, per
oggetto che di far in modo che gli alunni diventino
maggiormente degli uomini del loro tempo? Ora, per
sapere quello che deve essere un uomo del nostro tempo, che può apprenderci lo studio del passato? Non è
né nel Medio Evo né nel Rinascimento, né nel XVII,
né nel XVIII secolo che noi prenderemo il modello
umano che l'insegnamento del giorno d'oggi deve aver
lo scopo di realizzare. Sono gli uomini del giorno d'oggi che occorre considerare. È di noi stessi che dobbiamo
prendere coscienza; ed, in noi, è soprattutto l'uomo
di domani che dobbiamo cercar d'intravedere e di metter in luce.

Però, innanzi tutto, ce ne vuole perché sia così
facile sapere quali sono le esigenze dell'ora presente.
I bisogni che prova una grande società come la nostra
sono infinitamente multipli e complessi ed uno sguardo,
anche attento, gettato in noi ed attorno a noi, non
potrebbe esser sufficiente a farli scoprire nella loro in-
tegralità. Dell'ambiente ridotto nel quale ciascuno di
noi è situato, noi non possiamo vedere che quelli che
ci stanno più vicini, quelli che il nostro temperamento
e la nostra educazione ci preparano meglio a capire.
Per quel che riguarda gli altri, non vedendoli che da
lontano e confusamente, non ne abbiamo che delle de-
boli impressioni e siamo portati di conseguenza a non
tenerne il minimo conto. Siamo noi uomini d'azione,
viviamo noi in un ambiente d'affari? Siamo portati a
fare dei nostri figli degli uomini pratici. Siamo noi
amanti della speculazione? Noi vanteremo i benefici
della cultura scientifica e così via. Quando dunque si

pratica questo metodo, si finisce fatalmente con l'avere delle concezioni unilaterali ed esclusive che si annullano reciprocamente. Se noi vogliamo sfuggire a questo esclusivismo, se noi vogliamo farci del nostro tempo un'idea un po' più completa, dobbiamo uscire da noi stessi, dobbiamo ampliare il nostro punto di vista ed intraprendere tutto un insieme di ricerche allo scopo di capire queste aspirazioni tanto diverse che ha la società. Fortunatamente, esse vengono, per poco che esse siano intense, a tradursi all'esterno sotto una forma che le rende osservabili. Prendono corpo in questi progetti di riforma, questi piani di ricostruzione che ispirano. È là che dobbiamo andare a coglierle. Ecco specialmente a che cosa possono servire le dottrine edificate dai pedagoghi. Esse sono istruttive, non come teorie, ma come fatti storici. Ogni scuola pedagogica corrisponde ad una di queste correnti d'opinioni che noi abbiamo tanto interesse a conoscere e ce la rivela. Tutto uno studio diventa dunque necessario, che avrà lo scopo di paragonarle, di classificarle ed interpretarle.

Ma non è sufficiente conoscere queste correnti: occorre poter valutarle, occorre poter decidere se è il caso di seguirle oppure d'osteggiarle e, nel caso che sia conveniente far loro un posto nella realtà, sotto quale forma. Ora, è chiaro che noi non saremo in grado di giudicare il loro valore soltanto perché lo conosceremo nella lettera della loro espressione più recente. Non si possono giudicare che in rapporto ai bisogni reali, obbiettivi, che le hanno provocate ed alle cause che hanno svegliato questi bisogni. Secondo quello che saranno queste cause, secondo che noi avremo o non avremo dei motivi per ritenerle legate all'evoluzione normale della nostra società, noi dovremo cedere al loro impulso od ostacolarle. Sono dunque tali cause che noi dob-

biamo scoprire. Ma come arrivarvi se non ricostruendo
la storia di queste correnti, rimontando fino alle loro
origini, cercando in che modo ed in funzione di quali
fattori si sono sviluppate? Così per poter anticipare
quello che deve diventare il presente, come pure per
poterlo comprendere, dobbiamo uscirne e rivolgerci
verso il passato.

Vedrete, per esempio, come, per renderci conto
della tendenza che ci porta oggi a costituire un tipo
scolastico differente dal tipo classico, dovremo risalire, al disopra delle controversie recenti, fino al XVIII
e persino al XVII secolo. E già il solo fatto di stabilire che questo movimento di idee dura da quasi due
secoli; che dal momento al quale è apparso, ha sempre acquistato maggior forza, ce ne dimostrerà meglio
la necessità di quanto lo potrebbero fare tutte le controversie dialettiche del mondo.

D'altra parte, per poter prevedere l'avvenire con
un minimo di rischio, non è sufficiente aprirci alle tendenze riformatrici e prenderne metodicamente coscienza. Perché, malgrado le illusioni che nutrono troppo
spesso i riformatori, non è possibile che l'ideale di domani sia totalmente originale, ma vi entrerà certamente
molto del nostro ideale di ieri, che è necessario, quindi,
conoscere. La nostra mentalità non cambierà totalmente dall'oggi all'indomani; occorre dunque sapere quello
che è stato nella storia e, fra le cause che hanno contribuito a crearla, quali sono quelle che continuano
ad agire. È tanto più necessario procedere con tale misura prudenziale, che un ideale nuovo si presenta sempre come in uno stato d'antagonismo naturale con
l'ideale antico che aspira a sostituire, benché non ne
sia, effettivamente, che la continuazione e lo sviluppo.
E, nel corso di questo antagonismo, v'è sempre da
temere che l'ideale precedente non scompaia totalmen-

te, perché le idee nuove, avendo la forza e la vitalità della giovinezza, schiacciano facilmente i concetti antichi. Vedremo come una distruzione di questo genere si è prodotta nel Rinascimento, al momento nel quale si è organizzato l'insegnamento umanistico: dell'insegnamento medioevale quasi nulla è rimasto ed è possibilissimo che questa abolizione totale abbia lasciato una grave lacuna nella nostra educazione nazionale. Occorre che noi prendiamo tutte le precauzioni possibili, per non ricadere nello stesso errore e che, se domani dobbiamo chiudere l'era dell'Umanesimo, sappiamo conservarne quello che deve essere ricordato. Così, qualsiasi possa essere il punto di vista dal quale ci mettiamo, non possiamo conoscere con qualche sicurezza la strada che dobbiamo percorrere se non incominciando col considerare con attenzione quella che si allunga dietro di noi.

6) **Voi vi spiegate adesso quello che** significa il titolo che ho dato a questo corso. Se io mi propongo di studiare con voi la maniera nella quale si è formato e sviluppato il nostro insegnamento secondario, non è per dedicarmi a ricerche di pura erudizione. È per arrivare a risultati pratici. Certamente, il metodo che seguirò sarà esclusivamente scientifico: è quello che impiegano le scienze storiche e sociali. Se ho potuto parlare un momento fa di fede pedagogica, non è perché io abbia intenzione di predicarne qualcuna. Io resterò qui un uomo di scienza. Soltanto, credo che la scienza delle cose umane possa servire a guidare utilmente la condotta umana. Per ben condurci, dice un vecchio proverbio, occorre conoscersi bene. Ma noi, oggi, sappiamo che, per ben conoscersi, non basta dirigere la nostra attenzione sulla parte superficiale della nostra coscienza; perché i sentimenti, le idee che vengono ad

affiorarvi non sono — e ne siamo ben lontani — quelle
che hanno maggior efficacia sulla nostra condotta. Quello che occorre raggiungere sono le abitudini, le tendenze che si sono costituite nel corso della nostra vita
passata o che ci ha legato l'eredità. Sono queste le
vere forze che ci conducono. Ora, esse si dissimulano
nel nostro inconscio. Non possiamo arrivare a scoprirle che ricostruendo la nostra storia personale e la storia della nostra famiglia. Alla stessa maniera, volendo
poter svolgere, come si deve, le nostre funzioni in un
sistema scolastico, qualunque esso sia, dobbiamo conoscerlo, non dal di fuori, ma dall'interno, cioè mediante
la sua storia. Perché soltanto la storia può penetrare
oltre il rivestimento superficiale che lo ricopre attualmente. Soltanto essa ne può fare l'analisi; soltanto essa può mostrarci di quali elementi è formato, da quali
condizioni dipende ciascuno di essi, in che maniera si
sono combinati gli uni con gli altri; sola, in una parola,
può farci assistere al lungo concatenamento tra cause
ed effetti del quale è il risultato.

Tale sarà, Signori, l'insegnamento che voi rivece-
rete qui. Sarà, nel senso stretto della parola, un insegnamento pedagogico, ma che, per il metodo impiega-
to, differirà singolarmente da quello che si chiama ordinariamente con questo nome, perché i lavori dei pedagogisti saranno per noi non dei modelli da imitare, non
delle sorgenti d'ispirazione, ma dei documenti sullo
spirito del tempo. Spero quindi che la pedagogia, così
rinnovata, riuscirà finalmente a sollevarsi dal discredito
— ingiusto in parte — nel quale è caduta; spero che
voi saprete affrancarvi da un pregiudizio che è già du-
rato troppo; che voi comprenderete l'interesse e la novità dell'impresa e che mi presterete, per conseguenza,
il concorso attivo che vi domando e senza il quale
non potrei fare un'opera utile.

SOCIOLOGICA - REPRINT

1 – Cavalli, A. *Il Tempo dei Giovani*

Il catalogo Ledizioni è consultabile online: www.ledizioni.it

Offre ristampe di prestigiose opere ormai esaurite o fuori catalogo, ristampate in proprio o in collaborazione con altre case editrici, oltre ad una proposta di titoli nuovi di saggistica specialistica in italiano ed inglese